U0919280

我国开放式股票型基金业绩持续性研究

On Persistence of Open-Ended Equity Mutual Funds in China

刘 翔 著

首都师范大学出版社
CAPITAL NORMAL UNIVERSITY PRESS

图书在版编目（CIP）数据

我国开放式股票型基金业绩持续性研究 / 刘翔著. —北京：首都师范大学出版社，2014.6

ISBN 978-7-5656-1944-1

Ⅰ.①我… Ⅱ.①刘… Ⅲ.①股票投资－研究－中国 ②基金－投资－研究－中国 Ⅳ.①F832.51 ②F832.48

中国版本图书馆 CIP 数据核字（2014）第 131114 号

WOGUO KAIFANGSHI GUPIAOXING JIJIN YEJI CHIXUXING YANJIU

我国开放式股票型基金业绩持续性研究

刘翔　著

首都师范大学出版社出版发行

地　址　北京西三环北路 105 号

邮　编　100048

电　话　68418523（总编室）　68982468（发行部）

网　址　www.cnupn.com.cn

北京集惠印刷有限责任公司印刷

全国新华书店发行

版　次　2014 年 7 月第 1 版

印　次　2014 年 7 月第 1 次印刷

开　本　710mm×1000mm　1/16

印　张　11

字　数　197 千

定　价　23.00 元

版权所有　违者必究

如有质量问题　请与出版社联系退换

目　录

第一章　引　言

一、我国基金业发展概述

2005 年 5 月，我国股市进入牛市，吸引大批投资者入市，股民数由 2006 年年初的 7300 万上升至现在的上亿人，我国也成为全球股民最多的国家。相对于股票市场的高风险，基金投资股票市场、债券市场和国际市场等，充分分散化风险，更加适合需要预防未来不确定性的中国投资者。

我国基金业始于 20 世纪 90 年代，经历了二十余年的发展，基金的数量和规模均增长较快。基金数由 1993 年的 75 只发展到 2013 年年末的 1500 余只，基金资产规模也在迅速膨胀，增至 2.9 万亿元。2002 年 11 月 5 日颁布的《合格境外机构投资者境内证券投资管理暂行办法》，标志着中国合格的境外机构投资者制度的正式确立。2003 年 10 月出台的《证券投资基金法》及其修订稿为基金业的健康发展提供了法律基础。现在我国基金的种类也发展为股票型基金、QDII 型基金、混合型基金、债券型基金、货币型基金和封闭式基金等。总的来说，中国基金业逐步壮大并趋于规范有序。

2005 年 4 月 29 日，证监会宣布启动股权分置改革试点工作，中国告别熊市迎来了大牛市，在这期间金融理财的观念也逐渐为我国民众所了解，新基金的发售越来越受到追捧。

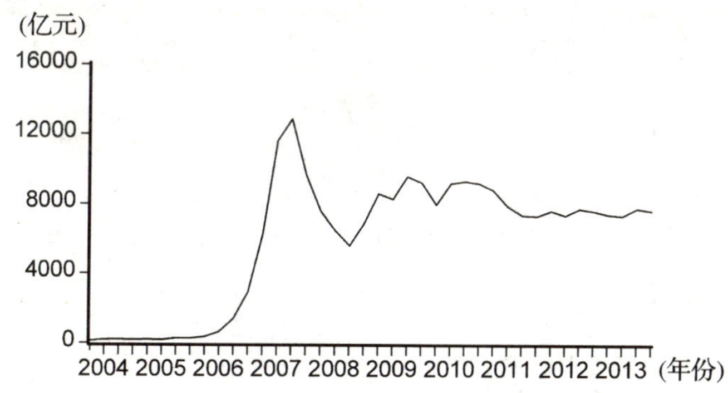

图 1-1　2004 年第二季度至 2013 年年末开放式股票型基金总资产

开放式基金按照其资产配置的情况可以分为货币型基金、债券型基金和股票型基金等。定义60%以上的基金资产配置是股票的为股票型基金。在过去的十余年里，开放式股票型基金得到了长足的发展。我国开放式股票型基金的总资产规模由2004年第二季度的135亿元增长至2013年年末的7625亿元，增产规模增长了55.5倍(见图1-1)。经历了2005年下半年至2007年的大牛市，基金资产规模急剧上升。在之后的熊市阶段，基金资产发生了缩水。开放式股票型基金的个数由2004年的6只增长到2013年年末的420只，增长了209倍，开放式股票型基金的个数一直在稳步增长(见图1-2)。

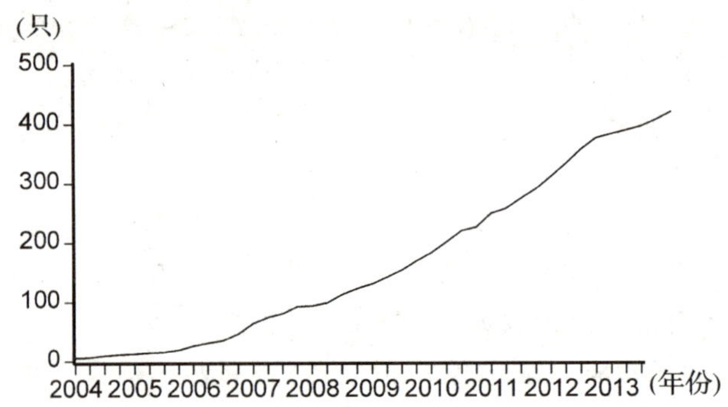

图1-2　2004年至2013年开放式股票型基金数量

在开放式股票型基金的发展过程中，基金持股占资产总值的比重一直维持在65%以上，平均持股比率为80.4%，体现了股票型基金的投资目的(见图1-3)。只是在2007年至2008年股市由6000多点跌至2000多点时，持股比例急剧下滑至70%以下，这既有基金急剧减持股票的原因，也有基金持有股票的价值下跌的原因。

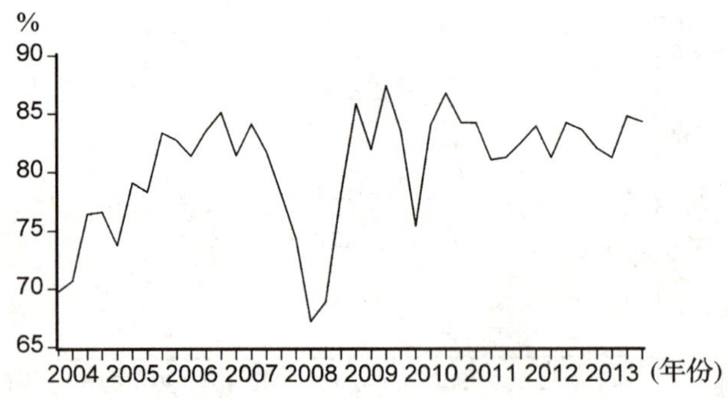

图1-3　2004年第二季度至2013年年末开放式股票型基金持股占比

在2003年至2013年期间，等权重持有的股票型基金收益率优于上证指数和上证国债指数。开放式股票型基金收益率波动性小于上证指数，大于上证国债指数。当上证指数为正收益时，股票型基金收益率略低于上证指数，但是当上证指数为负收益时，股票型基金收益率优于上证指数，体现了基金的波动性小于股市的特征。

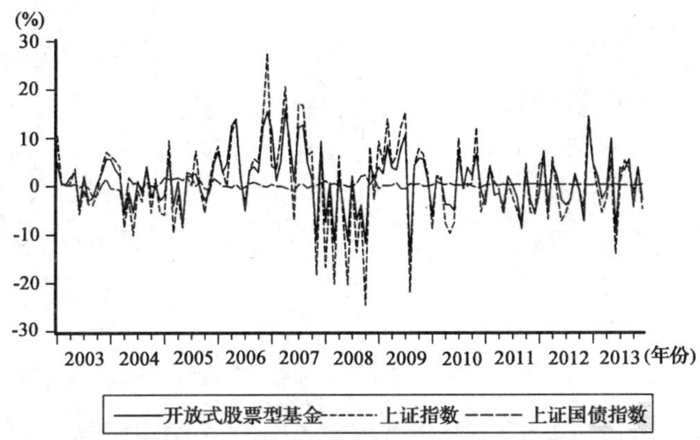

图 1-4 2003 年至 2013 年开放式股票型基金、上证指数和上证国债指数收益率

二、研究思路

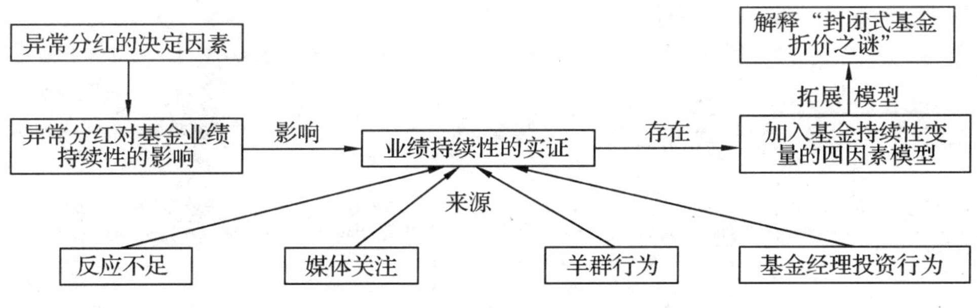

图 1-5 研究思路图

首先，对基金业绩持续性采用 Jegadeesh 和 Titman(1993)的方法进行实证分析，证明存在基金业绩持续性的时间跨度，并对基金业绩持续的来源、稳健性和季节效应进行研究。其次，由于存在基金业绩持续性，考虑使用基金动量势能变量(持续性变量)替换原有文献中的股票市场动量势能变量，分析新的四因素模型的适用性，进一步对四因素模型进行拓展和完善，并将新的四因素运用于解释“封闭式基金折价之谜”。再次，采用二元逻辑回归模型研究在长期决定基金异常分红因素和营销动机；在短期采用事件研究法，研究分红与前期业绩的关系、证券市场的大环境、在事件窗的异常收益、分红后的流动性压力以及长期业绩表现等，来评价基金分红的意义。最后，从反应不足、媒体关注、羊群行为和基金经理投资行为四个角度，对基金业绩持续性的来源加以分析，研究基金业绩持续性和股票市场持续性的时滞、明星基金经理组合披露、基金经理选股的羊群行为、基金经理投资行为的关系。

三、研究意义

投资者投资价值相对稳定增长的基金，把它作为分享股市收益的重要投资工具。基金投资有两种重要策略——相对强势策略(Relative Strength Strategy)和反转策略(Contrarian Strategy)。相对强势策略是指买入过去表现好的基金，同时卖出过去表现差的基金。而反转策略则恰好相反，是指买入过去表现差的基金，卖出过去表现好的基金。学术界和业界对业绩持续性进行深入研究，由于考虑的决策期和持有组合的时间长短不一而造成对业绩持续性的认识存在分歧，所以对于相对强势策略和反转策略的适用性也存在分歧。

基金业绩持续性是相对强势策略有效的一个基本前提，即上一期表现较好的基金在下一期也表现较好，上一期表现较差的基金在下一期也表现较差。在这一前提成立时，采取相对强势策略会带来超额利润。否则，将会产生重大损失，这时就应当采用反转策略。通过对业绩持续性的检验，可以对我国投资基金策略提出投资建议。如果存在业绩持续性，将基金业绩持续性变量加入三因素模型，可能会增强模型的解释力能力，并可提升四因素模型在我国的适用性。此外，分红作为一种回馈股东的行为，研究分红行为本身是否就是业绩表现好的指标，能否体现业绩持续性？分红后，是否会对业绩持续性产生影响？

传统理论对业绩持续性的解释是基于系统风险、序列相关等，有必要从反应不足、媒体关注、羊群效应和基金经理行为等行为金融角度对基金业绩持续性进行研究。本书拟从上述四个角度着手进行解释，拓展原有的研究深度、广度以及研究方法。

四、本书结构与研究内容

本书着重研究我国开放式股票型基金业绩持续性的存在性、加入基金业绩持续性变量的四因素模型的适用性及其拓展模型、分红对基金业绩持续性的影响，并在系统风险和时间序列的相关性解释业绩持续性的基础上，从反应不足、媒体关注、羊群效应和基金经理行为等行为金融角度，对业绩持续性进行进一步研究。

本书使用的我国开放式股票型基金、股票市场和债券市场等数据来自国泰安(CSMAR)数据库和 Resset(锐思)数据库，数据处理和回归使用的是 SAS 9.1 软件，作图使用的是 Eviews 5.0 软件和 Matlab 6.5 软件。本书共分为八章。

第一章是引言，主要涉及我国基金业发展概述、研究意义、论文结构、研究内容以及研究创新点。

第二章是文献综述。从有效市场假说、业绩持续性和业绩评价，资产定价模型，基金分红和“封闭式基金折价之谜”，以及行为金融学等方面进行文献梳理，为本书后续研究奠定理论基础。

第三章是基金业绩持续性实证检验。采用 Jegadeesh 和 Titman(1993)的方法构造 J 月形成期和 K 月持有期策略(J 月/K 月策略)，对基金业绩持续性进行实证分析。论证相对强势策略适用的情况，并对业绩持续性的来源从单因素模型、*beta* 和净资产规模、序列相关性以及对信息的反应程度等方面进行分析。按照 *beta* 和净资产规模等分为三组，对子样本进行稳健性检验及季节效应研究。

第四章是四因素模型的实证分析及其运用。研究四因素模型对我国开放式股票型基金的适用性进行研究，并进行稳健性检验，再进一步完善模型。利用四因素模型回归得到的超额收益 α，建立固定效应面板数据模型来解释“封闭式基金折价之谜”。

第五章是分红与业绩持续性。从长期和短期两个角度入手。在长期(一年的时间里)，从影响基金分红的因素出发，确定影响基金异常分红的因素并进行分析。与前人所不同的是，对非平衡面板数据建立二元逻辑回归模型分析基金异常分红。在解释变量方面，尝试加入了基金治理变量(基金公司管理基金数、基金经理更换次数和国有变量)。从基金公司、基金经理和投资者的“双重代理矛盾”以及行为金融学的“有限关注”出发，分析基金异常分红的动因，提出异常分红是一种营销策略。在短期(十天的时间里)，建立四因素模型来对分红进行事件研究。从分红与前期业绩的关系、证券市场的大环境、在事件窗的异常收益、分红后的流动性压力以及长期业绩表现等方面，来评价基金分红的意义。

第六章是反应不足和媒体关注与基金业绩持续性。从反应不足和反应过度角度出发，建立基金业绩持续性和股票业绩持续性以及基金业绩持续性的 AR-EGARCH 等模型。实证分析基金业绩与股票业绩持续性以及基金业绩持续性间的关系，着重考察是否存在对滞后信息的反应不足和反应过度的情况，并考虑牛市和熊市条件下信息反应扰动的差异性。同时，对不同业绩表现的基金披露组合后，其持有股票(特别是前五大重仓持有的股票)的价格、持有量、换手率、现金流以及实现投资收益等变量进行分析，再对组合披露引发媒体关注进行事件研究，最后对3月/1月基金业绩持续性变量建立三因素扩展模型(增加是否公布投资组合的虚拟变量)的面板回归模型。

第七章是羊群行为和基金经理投资行为。首先，具体介绍研究羊群行为的三种重要方法(LSV法、CH法和CSAD法)，对按照基金业绩和基金规模分组、基金业绩和本期持股的涨跌情况分别分组，采用LSV法从交易信息角度进行研究并采用CH法和CSAD法从股价分散度角度进一步研究。然后，从更换基金经理的事件入手，考察基金业绩与基金经理更换的关系，并分析基金经理更换后对基金业绩排名的影响。从基金业绩排名与基金后期持有风险的变化，分析基金业绩的持续性、更换基金经理与基金经理的风险偏好的关系，考察基金业绩与基金经理的择时能力和折股能力的关系。最后，从基金的投资者行为决策角度出发，分析基金业绩持续性和股市的关系。

第八章是结论与建议。对本书的研究结论进行系统梳理，提出相关政策建议，介绍本书的不足之处，并对未来基金市场的发展进行展望。

五、研究创新点

本书使用的研究方法和模型主要包括：一阶固定效应模型、CAPM模型、三因素模型、四因素模型、事件研究、Bootstrap法、AR-EGARCH模型、AR-EGARCH-M模型、LSV法、CH法、CSAD法、T-M二次项模型、H-M二项式模型和C-L二项式模型等。

本书以基金业绩持续性为主线(见图1-5)，对四因素模型加以拓展，研究分红(含异常分红)与基金业绩持续性的关系，从反应不足、媒体关注、羊群效应和基金经理行为等行为金融角度对原有研究进行深化，并全面地使用LSV法、CH法和CSAD法三个指标度量羊群行为，丰富了业绩持续性研究的内容。采用事件研究、Bootstrap法、GARCH模型和四因素拓展模型等，丰富了业绩持续性研究的方法。

采用Jegadeesh和Titman(1993)的方法构造了20种的J月/K月策略进行研究，来证实基金业绩持续性，并对开放式股票基金的季节效应进行研究。在原四因素模型的基础上，采用基金业绩持续性变量替换原有的股票持续性变量，拓展了四因素模型的广度，进一步将对数化的净资产总额、存续时间、管理费用比率和交易费用比率，加入四因素模型后，发现拓展模型在解释力上略大于原四因素模型，拓展了四因素模型研究的深度。

从短期和长期两个角度，在长期中分析影响开放式股票型基金异常分红的决定因素，在短期中研究异常分红与业绩持续性的关系，发现分红后对基金的业绩在10个工作日里将产生负效应。异常分红不失为回馈股东的好方式，而表现好的基金进行异常分红时，是以放弃投资机会或者改变资产组合来提供流动性为代价的。从基金分红前后的流动性资产持有情况和现金流两个角度出发，均发现异常分红能够缓解基金业绩表现差而带来的赎回压力，反而在较长时间里增加了流动性资产。

将反应不足和基金业绩持续性相结合，拓展了研究的深度。采用价值加权的开放式股票型基金收益率来研究基金业绩持续性，采用EGARCH模型研究基金业绩持续性和股票业绩持续性。对AR-GARCH、AR-EGARCH和AR-EGARCH-M模型进行拓展，加入Bootstrap法后，提高了模型VaR的准确度。

采用面板回归和事件研究法，从明星基金的组合披露对业绩的影响角度出发，发现组合披露后，确实在一定程度上可以给基金带来正收益。通过对基于LSV法、CH法和CSAD法的羊群行为指标等三个角度的全面分析，发现基金卖出股票的羊群行为强于买入的羊群行为，没有证据表明我国基金有联手坐庄的行为。赢者组合在买入上涨和下跌股票时的羊群行为差异不大，基金在不同市场行情下的羊群行为具有非对称性。

从更换基金经理和择时模型等角度出发，采用分组统计和风险调整比率等方法，发现更换基金经理并不是源于基金业绩表现，更换业绩好的基金经理后基金业绩会进一步上升，更换业绩差的基金经理需要半年左右的时间才能使基金业绩有起色。更换基金经理后确实会改变基金的风险偏好，输者组合的基金经理会更大程度地承担风险暴露，而赢者组合则更加谨慎、加大风险比率的程度较小。通过T-M二次项模型、H-M二项式模型和C-L二项式模型的分析，提出我国基金业绩持续性主要是源于基金经理的择股能力，而来自基金经理择时能力的证据较弱。

第二章　文献综述

基金业绩持续性一直是金融学争议的重大问题。具体来说，基金业绩持续性是指上一期表现较好的基金在下一期也表现较好，上一期表现较差的基金在下一期也表现较差。

相对强势策略(Relative Strength Strategy)和反转策略(Contrarian Strategy)，是投资领域的两个重要的交易策略，这两种策略也被称为惯性策略和逆转策略。两种策略在本质上没有孰优孰劣之分，关键在于投资者对行情的判断。

相对强势策略是指买入过去表现好的基金，同时卖出过去表现差的基金。而反转策略则恰好相反，是指买入过去表现差的基金，卖出过去表现好的基金。相对强势策略是以基金业绩持续性为前提。上一期表现较好的基金在下一期也表现较好，上一期表现较差的基金在下一期也表现较差。在这一前提成立时，采取相对强势策略会带来超额利润。否则，将会产生重大损失。学术界一直关注基金业绩是否具有持续性、持续性的时间长度、持续性的来源等问题。

金融资产是在金融市场上进行交易、具有现实价格和未来估价的金融工具总称。金融资产的最大特征是能够在市场交易中为其所有者提供即期或远期的货币收入流量。

金融资产的合理定价一直是金融研究的核心问题。从基于组合理论、期望效用、均衡思想的资本资产定价模型(CAPM)到基于无套利思想的套利定价理论(APT)和期权定价模型(BSM)，从基于不完全理性和受投资心理影响的行为资产定价理论到基于不存在无风险套利机会的随机折现因子定价模型，体现的是对金融资产认识的不断深入和对金融现象的不断反思。定价理论和行为金融为业绩持续性研究提供了理论基础。

“封闭式基金折价之谜”是指在基金的交易过程中，交易价格低于净资产价值(NAV)。从我国封闭式基金发展的历程来看，基金经历了早期溢价、折价和折价趋于0的过程。而四因素模型回归得到的超额收益α可以作为管理绩效的重要指标。通过管理绩效理论来解释“封闭式基金折价之谜”，可以作为四因素模型的一个重要运用。

本章将从业绩持续性和业绩评价、有效市场假说、资产定价模型、基金分红和“封闭式基金折价之谜”，以及行为金融学的四个角度进行文献综述，为本书后续研究提供理论基础。

一、业绩持续性和业绩评价

学术界和业界对业绩持续性进行深入研究，由于考虑的决策期和持有组合的时间长短不一而造成对业绩持续性的认识存在分歧，对相对强势策略和反转策略的适用性也存在分歧。

(一)业绩持续性

业绩持续性，是指上一期表现较好的基金在下一期也表现较好，上一期表现较差的基金在下一期也表现较差，即业绩具有惯性。与之对应的投资策略是相对强势策略(Relative Strength Strategy)，即买入上期表现好的基金、卖出上期表现差的基金。当存在业绩持续性时，相对强势策略是有利可图。

但是，如果业绩不是可持续的，而是反转的话，即上一期表现较好的基金在下一期也表现较差，上一期表现较差的基金在下一期也表现较好。此时，应当使用反转策略(Contrarian Strategy)，通过买入上期表现差的基金、卖出上期表现好的基金，实现盈利。无论是业绩持续性或者是业绩反转存在，都是对有效市场中价格变动不可预期的反驳，否定了弱式有效市场的存在。

De bondt 和 Thaler(1985，1987)研究发现，股票价格的变动幅度越大，则其方向变动的幅度也就越大。股票价格在起始阶段反应越大，则随后调整的幅度也就越大。通过基于过去 3 年的收益率构造的赢者和输者组合，发现 3 年后输者组合收益率远大于赢者组合，即在 3 年的时间里存在业绩反转。De bondt 和 Thaler 得出的结论是股票市场存在对新信息的过度反应。Jegadeesh 和 Titman(1993)采用重叠形成期来构造赢者组合和输者组合的方法，实证出股票市场在一年或两年内存在业绩持续性，但在长期中存在业绩反转。使用的是重叠持续期，缓解了非重叠持续期样本数较少的问题；使用的是等份额产生形成期和持有期组合的方法，并且没有考虑交易成本等因素，构造的是零成本的持有组合。他们认为系统风险和股票价格对因素的滞后反应，并不是相对强势策略超额收益的来源。同时，认为业绩持续存在性问题的关键在于持有期的长度。以前文献中的争议，也是由于持有期不同造成的。在超短期是业绩反转，在 1～2 年的时间里是业绩持续，在更长的时间里是业绩反转。此外，Jegadeesh 和 Titman 还认为在短期内的持续性是因为短期内对信息反应不足，而长期对信息的过度反应造成业绩反转。这需要进一步建立行为金融模型进行实证研究。Jegadeesh 和 Titman(2001)再次使用了 Jegadeesh 和 Titman(1993)的方法，而样本选择的是 5 美元以上的上市公司股票，得到了类似 Jegadeesh 和 Titman(1993)的结论。周琳杰(2002)以 1995 年至 2000 年间的深沪两市股票为研究样本，认为我国股市存在价格惯性。

在早期的基金业绩持续性研究中，Sharpe(1966)和 Jenson(1968)采用斯皮尔曼等级相关系数法，发现在短期中基金业绩不存在持续性。而到了 20 世纪 90 年代，持续性研究又再度引起金融学界的注意。Hendricks、Patel 和 Zeckhauser(1993)研究发现成长型基金和无承销费基金的相对业绩在一年期内持续性最强。Goetzmann 和 Ibbotson(1994)的联表法，表明在短期中基金业绩存在持续性。业绩持续性现象存在于，介于 1 个月至 3 年的基金原始收益和风险调整收益的观察期。Brown 和 Goetzmann(1995)运用联表法、CAPM 和三因素等方法，发现大部分风险调整后的基金存在业绩持续性，但有一些年份基金业绩会反转，并提出观测期的长短对结论有重要影响。Elton 等(1996)发现在 5～10 年的时间里基金业绩存在持续性，调整风险后的业绩差由基金经理的选股能力和费用支出差异决定。Carhart(1997)利用 1962 年 1 月至 1993 年 12 月的不存在存续偏差的股票型基金月数据，综合了 Fama 和 French(1993)的三因素模型以及 Jegadeesh 和 Titman(1993)的一年期的动量势能变量得到四因素模型。实证发现股票市场的一般因素和投资费用几乎可以完全解释股票型基金业绩持续性，并否定了基金经理的选股能力。Ahn、Conrad 和 Dittmar(2003)发现随机折现模型可以解释一半左右的收益，但是条件检验会让超额收益减少，所以用 CAPM 来检验超额收益不免有失偏颇。

在我国是否也存在基金业绩持续性？国内学者对此进行了实证研究。

吴启芳等(2003)对 1999 年 9 月 28 日至 2001 年 10 月 19 日的 15 只基金，按照 Christopherson 等(1998)评估业绩持续性的方法，分别以个体基金相对基金行业均值、综合市场指数、深沪两个市场中的市场指数为基准来计算基金的过去业绩，回归得出在 6 月和 9 月内存在基金业绩持续性，但在短期和长期并不存在。吴启芳等(2003)提到的短期应该指的是极短期，如 1 个月等。庄云志等(2004)对 1999 年 12 月 31 日至 2003 年 6 月 27 日的 22 家封闭式基金，运用回归系数法、绩效二分法和动量检验方法，发现在中期和长期我国基金业绩存在持续性(3 个月、6 个月、12 个月具有持续性)。王晓国等(2005)通过对 2000 年 7 月 1 日至 2003 年 7 月 4 日的周收益率建立 300 种不同的形成期和持有期的惯性、反转策略，研究发现我国基金业绩存在一年到一年半的业绩持续性，在一年半内不存在反转现象。李学峰等(2007)利用多期横截面回归模型检验 2005 年至 2006 年的基金业绩，发现在半年期内开放式基金存在业绩持续性。通过回归模型，得出价值型投资风格和单个基金资产规模是影响我国基金业绩持续性的主要因素，对业绩持续性都具有正向的影响。袁皓(2007)通过构建包含动量势能的四因素模型来分析2001年至2006年的所有封闭基金，发现封闭基金具有业绩持续性，但随时间迅速递减，同时高收益基金具有高系统风险。韩守富(2011)以我国成立时间较早的40只开放式基金为样本，采用参数法检验发现在牛市中后期存在基金业绩持续期，但持续时间不长。俞雪飞等(2012)认为，不同的业绩评价基准及业绩持续性检验方法对检验结果有较大影响。总的来说，基金持有期限对于持续性的研究是至关重要的，在短期内基金业绩存在持续性，而极短期和长期并不存在。

但国内也有一些学者认为我国基金业绩并不存在持续性。周泽炯等(2004)用基于横截面回归参数检验方法和Z检验、Yates连续修正卡方检验及Fisher精确检验三种非参数检验方法对我国2002年12月1日至2004年2月27日的16只开放式基金业绩持续性进行检验，研究发现我国开放式基金业绩不具有持续性。张兆国等(2004)采用Goetzmann和Ibbotson(1994)的非参数检验方法和四因素模型，对2000年1月1日至2002年6月30日的封闭式基金的季度收益率进行研究，发现不存在业绩持续性。结论与基金选择的时间跨度、四因素的因素计量方法有关。李昆(2005)采用基于横截面回归的方法，对1999年12月至2003年6月间的20只封闭式基金进行业绩持续性研究。从单位净值收益率和市价收益率两个方面出发，发现只有以基金市价收益率来衡量时，封闭式基金的收益率在中短期表现出反转性。姚正春等(2006)采用业绩二分法，研究发现各封闭式基金的每期业绩大于同行平均水平的概率均为0.5，与前期业绩无关，所以不存在业绩持续性。徐琼等(2006)运用业绩相对排名法对2001年至2002年的我国封闭式投资基金业绩持续性进行研究，发现从整体来看所考察的封闭式基金业绩不具有持续性，并进一步提出费率对持续性的影响不大。王向阳等(2006)通过列联表和动量检验法对我国2003年至2005年开放式基金持续性进行实证研究，发现无论是原始收益还是风险调整后收益，基金整体业绩没有表现出连续性。相比而言，风险调整后的收益更具有持续性。李宪立等(2007)对2001年1月1日至2004年12月31日的封闭式证券投资基金建立了基于回归分析的多期基金业绩持续性评价新模型，发现基金业绩不存在持续性。在短期内，基金业绩往往具有反转性。此外，在李昆(2005)的横截面回归分析和李宪立等(2007)的基金超额收益自回归模型分析中，他们也都认为基金业绩的计算方式会对结论产生一定的影响。牛淑珍(2012)以2008年9月前发行的122只基金为样本，使用交叉积率、卡方检验方法，发现我国开放式股票型基金业绩一般不具有较为显著的持续性。

关于季节效应等，Fabozzi等(1994)认为，投资者的积极情绪可能对节前效应有一定的影响，且不同情绪可以影响股票收益。Jegadeesh(1990)通过对美国股票市场月数据的研究发现，存在“一月效应”，并对有效市场假说提出了质疑。奉立城(2003)对中国股票市场的“月份效应”和“月初效应”进行研究，发现中国股票市场并不存在“一月效应”，而是具有“月初效应”。张俊等(2002)对2000年5月10日至2002年7月1日所有在深沪交易所上市交易的基金业绩的估计，发现封闭式基金季末价格效应。陶燕红等(2008)通过对2000年1月1日至2005年12月31日的18只基金，建立面板数据模型，年龄相同的封闭式基金的平均折价率用来表示季节效应，发现封闭式基金的折价具有季节效应。但是，国内并没有对开放式基金的季节效应进行进一步的研究。

此外，屠新曙等(2005)对2000年12月31日至2004年6月30日的33只封闭式基金业绩的研究，发现基金收益率不满足“正态分布”，而是呈现尖峰分布。张昱(2007)通过对开放式我国股票型基金业绩的研究，发现开放式基金在不同时期内的业绩并不稳定，会受异常因素等的影响，受国债收益的影响较大。赵瑾璐等(2008)通过对2005年1月1日至2005年12月31日的股市熊市和2006年1月1日至2006年12月31日的股市牛市期间的基金业绩和股市相关性进行研究，发现我国开放式基金的业绩会受股票市场的影响。

(二)业绩评价

业绩评价，指对是否实现超额收益进行判断，对投资组合的实际收益进行研究和确定实现业绩的原因。对投资者来说，基金业绩评价提供了基金收益的排序，投资者可以根据自身的偏好加以选择，并进一步对基金的表现加以监测和跟踪。对基金管理公司来说，业绩评价是一种重要的反馈机制，可以让基金公司了解自身的市场地位，了解竞争对手的情况，并且可以根据业绩评价对基金经理等进行考核。此外，监管部门也可以依据业绩评价的结果制定监管规则，加强对市场的监督管理。

基金业绩评价的最重要原则是可比性，需要统筹考虑其投资目标、业绩的计量方式、风险水平、比较基准、比较期限以及组合稳定性等。如李昆(2005)和李宪立等(2007)都认为基金业绩的计算方式会对是否存在业绩持续性的结论产生一定的影响。在进行基金业绩评价时，基准组合的选择对于业绩评价的结果及其结论有重大影响。在选择基准组合时，应该注意基准投资组合中证券种类和权重是确定可知的，基准投资组合是可以复制和持有的，业绩是可以定期观测和衡量的，基准组合在业绩评价之前就已事先确定，基准投资组合与需要被评价的基金经理的投资风格一致，分类方法与投资大众的观点相同。

基金业绩评价，经历了从单纯按照收益率高低为评价指标到考虑风险调整后的三大经典指标，从 APT 评价模型到多因素模型，从无基准模型到条件模型，从业绩归属分析到投资风格、业绩持续性分析等。在此期间，伴随的是对风险和收益的关系的认识不断深入。

传统基金业绩评价三大经典指标是指夏普比率(Sharpe ratio)、特雷诺比率(Treynor ratio)以及詹森指数(Jensen measure)。计算的公式分别为：夏普比率是 $S_p=\frac{(R_p-R_f)}{\sigma_p}$，特雷诺比率是 $T_p=\frac{(R_p-R_f)}{\beta_p}$，詹森指数是 $\alpha_p=R_p-\beta_p(R_m-R_f)$。其中，$R_p$ 为组合收益率，R_f 为无风险收益率(詹森指数选择的是正常收益)，σ_p 为组合收益率的标准差，β_p 为组合的加权平均贝塔，α_p 为组合的阿尔法值，R_m 为市场指数的平均收益率。

从考虑风险的范围来说，夏普比率考虑的是总风险(包括系统性风险和非系统性风险)，而特雷诺比率和詹森指数只考虑了系统性风险。因为在均衡市场上只有不能被分散的系统性风险才能获取超额收益，才能成为业绩评价的对象。从基准的选择来说，夏普比率和特雷诺比率选择的是无风险利率，而詹森指数选择的是正常收益。从评价的适用范围来说，夏普比率适用于被评价的基金占投资者资产绝大部分，特雷诺比率和詹森指数适用于被评价的基金占投资者资产的比率不大的情况。由于夏普比率、特雷诺比率和詹森指数三者考虑的风险范围、基准选择和评价适用范围的不同，所以这三个评价指标对同一组基金进行评价时，也会有不同结果。吴启芳等(2003)通过 15 只基金的周收益进行基金业绩评价，发现由于选取的三大比率(夏普比率、特雷诺比率和詹森指数)不同会对业绩排序有一定的影响。

关于基金经理的择时能力的研究，有三种模型：T-M 二次项模型、H-M 二项式模型和 C-L 二项式模型。T-M 二次项模型是 $r_i-r_f=\alpha_i+\beta_1(r_m-r_f)+\beta_2(r_m-r_f)^2+\varepsilon_i$。其中，$r_i$、$r_m$ 和 r_f 分别代表基金收益、市场收益和无风险收益。β_2 为择时能力指标，当 $\beta_2<0$ 时，表明基金经理有择时能力。H-M 二项式模型是 $r_i-r_f=\alpha_i+\beta_1(r_m-r_f)+\beta_2(r_m-r_f)D+\varepsilon_i$。$D$ 是一个虚拟变量。当 $r_m-r_f>0$，$D=1$，否则 $D=0$。β_2 为择时能力指标，当 $\beta_2>0$ 时，表明基金经理有择时能力。杨育生(2010)通过对 25 只开放式基金的研究，建立 TM-FF3 与 HM-FF3 模型(三因素模型和 T-M 二次项模型、H-M 二项式模型的组合模型)，发现我国开放式基金的日选股能力和择时能力都不显著。C-L 二项式模型是 $r_i-r_f=\alpha_i+\beta_1\min[0,(r_m-r_f)]+\beta_2\max[0,(r_m-r_f)]+\varepsilon_i$。当 $\beta_2>\beta_1$ 时，说明该基金经理有择时能力。

基金业绩归属分析(Performance attribution)，是将基金业绩按照不同的因素进行分解，分析出各个因素对基金业绩的贡献大小。一般来说，业绩归属分析将业绩分解成三个要素：资产配置、行业配置和证券选择，来解释特定资产组合与基准资产组合的收益差别。于瑾(2004)使用 Brinson 模型对股票型基金进行业绩归因分析，发现具有较强证券选择能力的基金获得了超额收益，但不确定基金是否具有持续的证券选择和时机把握能力。

二、有效市场假说

有效市场假说是以萨缪尔森的随机游走模型的提出为开端，经过众多学者的研究和拓展。有效市场假说和完全理性逐步发展为新古典金融学定价理论的两大基石，在金融学界具有举足轻重的地位。可是，有效市场假说是否成立也在学术界存在争议。

有效市场假说的思想起源于随机游走。具体来说，随机游走是指基于过去的业绩表现，无法预测未来业绩的发展趋势和方向。随机游走本来是物理上的“布朗运动”。Kendall(1953)通过对不列颠工业股指数中 19 种指标股和商品期货市场上棉花及小麦周价格的分析，认为价格随时间的变化是随机的，数据的变化方式类似于漫步序列。Roberts(1959)在 Kendall(1953)等研究成果的基础上，推导了决定随机游走模型的因素。Roberts(1959)认为，“证券的价格变化很像是由一个正确设计的轮盘赌台上的轮盘生成的，每一个结果在统计上都与过去的历史独立，并且频率一直相当稳定，如果市场不是一个完美的轮盘，人们会注意到其中的缺陷并采取行动，把缺陷去掉”。也就是说，市场应当是完美的，并质疑投资分析者对市场变化的预测能力。Cootner(1964)提出，在给定今天股价的条件下，明天股价的条件期望就应该是今天的价格。同时，只有新信息出现才会导致股价变动，但并没有进一步解释其原因。Fama(1965a)也提出了类似的结论，认为随机游走模型的成立是以过去的价格不能增加期望报酬为条件的。

Samuelson(1965)提出了“公平游戏”期望收益模型，并首次用经济学方法严格地进行证明。证实了市场价格行为满足鞅性质，将随机游走模型形式化，认为随机游走模型是满足有效市场假说的一组观察结果。这完成了市场价格行为研究从随机游走理论向有效市场假说的转变。Samuelson(1965)结合了理性预期假说，认为理性投资者对消息的反应，满足在竞争环境中追求利润最大化的行为要求，从而引入了投机研究。

Fama(1970)对过去的理论研究进行回顾，正式提出了有效市场假说(Efficient Market Hypothesis)。按照市场反应信息的程度不同，有效市场划分为三种形式：弱式有效市场、半强式有效市场和强式有效市场。每个市场包含的信息依次是：历史价格信息、公开信息和所有信息。Fama 指出随机游走模

型满足 $f(r_{j,t+1} \mid \theta_t)=f(r_{j,t+1})$。其中 θ_t 代表在 t 时刻的信息集；$r_{j,t}$ 代表证券 j 在 t 时刻的收益率。该式的含义是在 t 时刻的信息集已经充分反映到股价上了，否则 t 时刻的信息集将对 $r_{j,t+1}$ 产生影响，则此时 $f(r_{j,t+1} \mid \theta_t) \neq f(r_{j,t+1})$。随机游走模型对应于弱式有效市场。在弱式有效市场下，历史价格信息不会产生超额收益，股价走势也没有规律可循、不可预测，是随机游走的。

安德瑞·史莱佛(2003)认为，有效市场假说基于三个假定：投资者是理性的，能对证券价格进行合理估价；某些投资者在某些时候是非理性的，但由于证券交易具有随机性，这种非理性可以相互抵消，最终这种非理性并不会影响证券价格；理性的套利者会发现市场上的错误定价，通过无风险套利来消除这种错误定价。

20 世纪 70 年代后，有效市场假说的理论发展主要表现在以下两个方面：在有效市场假说中引入信息成本和交易成本；放弃以随机游走模型为基础，认为收益在有效市场假说成立时，还有一定的可预见性。

Grossman 和 Stiglitz(1980)完善了有效市场假说的微观基础。打破了传统的有效市场假说只重视市场均衡模型和经验结果，将信息成本和交易成本作为有效市场假说的市场微观结构，考虑信息从个体到市场的具体汇集过程，使有效市场假说不再是“黑匣子”理论，更加注重过程研究。

放弃以随机游走模型为基础，认为预期收益率具有时变性。放松了数学上完美的随机游走，只要求股票价格行为的统计性质上是随机游走的，股价可以具有一定程度的相关性。因此，经验研究发现的时间序列存在的自相关和预测力并不能否定有效市场假说的异常现象。

20 世纪 80 年代以后，异常事件的出现对有效市场假说提出了挑战。异常事件是指某种未被预期的事件，可以给投资者带来超额利润。异常事件包括季节异常、事件异常、公司异常和会计异常。季节异常包括一月效应、工作日异常、周末效应、季节效应和假日效应等。事件异常包括内幕人交易、分析家推荐和上市等。公司异常包括规模效应、封闭式基金效应、忽略公司效应和机构持有的公司效应等。会计异常是指 P/E、P/B 和盈余增长率等。异常事件是对有效市场假说的重要检验。

Jegadeesh(1990)通过对美国股票市场月数据的研究，发现存在“一月效应”，拒绝股价服从随机游走，且时变模型并不能解释，对有效市场假说提出了质疑。

针对异常事件，Fama(1998)认为，随着时间流逝和研究方法的改善，一些异象现象逐步消失，并不存在充足的证据表明应该放弃有效市场假说。他认为，问题不在于市场无效，发现的定价错误有可能来源于定价模型或者是检验方法本身的问题。在无套利均衡和使用正确的定价模型和统计方法的条件下，市场将不会给出错误定价。

行为金融学是将人的行为特征、心理倾向和主观预期等与传统理论相结合，并假设投资者在不确定条件下按照有限理性进行决策，也给业绩持续性研究指明了新的研究方向。但是，行为金融学和新古典金融学关于有效市场假说的争议，远没有解决。

如果一个基金市场是弱势有效市场，则基金净值就应该反映了历史价格信息。换而言之，根据历史信息就不可能获得超额收益。而如果利用相对强势策略或反转策略获得了超额收益，则说明基金市场并未完全反映价格信息，即基金市场不是弱势有效市场。

三、业绩评价的基础——资产定价模型

最早的关于风险和收益的思考，是 Crammer 和 Bernouli 在不确定环境下进行投资决策并要求同时实现财富最大化和风险最小化。Bernouli 进一步提出了资产的价格并不取决于期望收益，而是期望效用，同时认为财富的边际效用是递减的。

CAPM 模型是均衡模型并基于有效市场假说，但由于异常事件的存在也使其备受争议。套利定价模型（APT），是基于无套利思想和有效市场假说，将资产收益率表示成解释变量为多因素的线性模型。当不存在投资成本时，存在套利机会可以获得巨额利润，但是在有效市场中，套利机会持续时间不长。

总体上来看，当只考虑单一市场因素时，资本资产定价模型（CAPM）和套利定价模型（APT）是一致的，套利定价理论可以被认为是一种广义的资本资产定价模型。资本资产定价模型（CAPM）和套利定价模型（APT），都把总风险划分为系统性风险和非系统性风险，认为非系统性风险可以分散，只有系统性风险会有补偿收益。但是，套利定价模型难以检验，因素的选择、数量及解释也有一定的难度，所以备受争议。

当无套利机会不存在时，这时的资产价格可以通过未来收益和“随机折现因子”来确定。随机折现因子的存在性、线性和唯一性等，与市场结构有紧密的联系。当市场是完全的，随机折现因子是唯一的。当随机折现因子不唯一时，存在且仅存在唯一被交易的随机折现因子。当存在无风险资产时，资产的价格由两部分决定，时间价值和未来期望价值对无风险利率的折现（风险价值）。

随机折现因子分析框架是一个统一的资产定价理论，可将 CAPM 模型和

APT 模型都纳入随机折现因子模型中，相对而言，随机折现因子模型更具有普遍意义，而研究的重点也是在不同假设下随机折现因子的存在性及其特性。

(一)CAPM 模型

资本资产定价模型的发展，经历了从 Markowitz(1952)、Tobin(1958)和 Sharpe(1963)的“资产选择理论”到 Sharpe(1965)的资本资产定价模型(CAPM)的过程。

在 Markowitz 的组合选择理论中，假定投资者是风险厌恶的，追求期望效用的最大化；投资者根据预期收益率和方差来选择资产组合；所有投资者处于同一单期投资期。效用满足 Von Neumann-Morgenstern 的二次期望效用函数，如 $U = E(r) - 0.005A\sigma^2$。其中，$A$ 为投资者的风险厌恶程度。Markowitz 组合选择理论的方程表达式是：

$$\min \sum_{i=1}^{N} \sum_{j=1}^{N} w_i w_j \operatorname{cov}(r_i, r_j) \quad \text{s. t.} \sum_{i=1}^{N} w_i = 1 \quad \sum_{i=1}^{N} w_i E(r_i) = E(r_p) \tag{2-1}$$

Markowitz 的组合选择理论分析方法又被称为均值—方差分析法。通过对 Markowitz 的组合选择方程的求解，可以得到有效集，即对应于每一水平的风险，该组合提供最大的预期收益；对应于每一水平的预期收益，该组合能提供最小的风险。此外，还提出了基金分离定律，即所有有效组合都可以通过任意选定的两个有效组合的再组合得到。

Markowitz 的组合选择理论为现代组合理论的发展奠定了基础，提出风险是可以降低的，投资者只从投资证券的数量来减少组合风险是不够的，应当选择资产相关性较低的资产，通过消除特定风险来降低总体风险。但是，Markowitz 的风险定义是资产的整体风险，同时没有解决个体投资者是如何决定持有何种有效组合的。

Tobin(1958)的贡献在于提出了投资的分离定理，即最优风险资产组合是独立于投资者的风险偏好而存在的。当投资者根据自身的风险偏好选择无风险资产和风险资产组合时，最优风险资产组合不随投资者自身风险偏好及无风险资产和风险资产比率而变化。具体来说，投资者在进行资产配置时，首先根据给定的期望效用，计算出方差最小化的风险组合的有效边界。再根据无风险资产和位于有效边界上的风险资产构成组合，即投资机会集。最后，投资者根据自身的偏好选择无风险资产和风险资产组合。分离定理的提出，是 Tobin 对 Markowitz 的均值—方差分析法的进一步发展，但是由于均值—方差分析法需要估算出所有投资对象的期望、方差和协方差，计算量巨大。从这点上来说，也制约了该方法的运用。

Sharpe(1963)提出了指数模型，简化了均值—方差分析法的计算量。假定股票的收益率与市场指数存在线性关系：$r_i=\alpha_i+\beta_i r_M+\xi_i$，其中$\xi$为该股票的特定风险，且不同股票间的特定风险不存在相关性。由于单个股票的收益率可以通过估算其与市场指数的敏感系数来确定，所以大大简化了均值—方差分析法所需估算的变量个数。但是，由于单因素模型假定单个资产只与市场组合有关、单个资产之间不相关，所以单因素模型对资产组合风险的计算是近似的，便于证券分析师使用。

Sharpe(1964)、Lintner(1965)和Mossin(1966)提出的资本资产定价模型是基于理性预期的投资者行为的一般均衡模型。该模型的基本假设是，投资者是风险厌恶型的，投资者根据预期收益率和风险来决定投资，投资时只考虑一个投资期，存在无风险利率，没有税负和交易成本，以及预期是同质的。在假设条件下，推出所有投资者都持有相同的风险资产组合，即市场证券组合。市场证券组合是指对所有证券投资的证券组合，其中每一种证券的投资比例等于它的相对市场价值。CAPM模型代表的就是，由市场证券组合和无风险借或贷构成的有效证券组合的收益与风险的集合，是所有可能的资产配置里的消极投资特例。

具体来说，CAPM模型是指：$E(r_p)=r_f+[E(r_M)-r_f]\sigma(r_p)/\sigma(r_M)$。投资者投资风险资产的预期收益率等于无风险收益率和风险溢价之和。而风险溢价又由两部分组成，市场组合的风险溢价和资产与市场组合的敏感性关系。所有有效的资产组合在均衡状态都会在证券市场线上，而位于证券市场线上方的低估投资组合和位于证券市场线下方的高估投资组合都存在套利机会。

CAPM的理论贡献如下：第一，风险资产的收益率补偿源于系统风险，能够通过组合分散的特定风险不能得到补偿。这与Markowitz均值—方差分析法中的总体风险补偿是不同的。第二，通过β来度量风险资产与市场溢价的敏感程度，当β越大时，收益率也越大，反之亦然。第三，CAPM模型是均衡定价模型。如果不成立时，表明市场存在套利机会，可以提示交易策略。第四，CAPM模型用到了分离定理，是对Tobin的研究的继续。第五，CAPM模型提供了检验市场有效性的重要方法，通过检验市场超额收益$\alpha_i=r_i-E(r)$的显著性来检验市场有效。当α不显著时，市场是有效的。否则，市场是无效的，存在超额收益。

Black(1972)对CAPM模型假设进行放松。假设不存在无风险借贷。由于有效边界上的资产组合构成的资产组合仍然是有效的，所有有效边界上的资产组合都有不相关的“伴随”资产组合存在。有效资产组合的组合可以线性表示单一资产的收益率。$E(r_i)=E(r_Q)+[E(r_p)-E(r_Q)][\mathrm{Cov}(r_i, r_p)-\mathrm{Cov}(r_p, r_Q)]/[\sigma_p^2-\mathrm{Cov}(r_p, r_Q)]$。与原CAPM模型相比，可以发现以$r_Q$代

替了无风险利率 r_f。r_Q 是位于最小方差边界下半部分的，具有零 β 值，和市场组合 M 的伴随组合 Q 的收益率。

此外，CAPM 模型还有两个重要的推广模型：跨期资本资产定价模型(ICAPM)和以消费为基础的资本资产定价模型(CCAPM)。Merton(1973)给出的连续时间下的跨期资本资产定价模型(ICAPM)。与原 CAPM 模型一样，该模型也是建立在理性投资者假定的基础上。但不同的是，ICAPM 认为资产的风险溢价是受多个因素影响。此外，在衡量风险方面，ICAPM 采用的是资产收益和投资者边际效用的自协方差度量。ICAPM 难于进行实证检验，是其重要缺陷。Lucas(1978)和 Breeden(1979)提出了以消费为基础的资本资产定价模型(CCAPM)。与原 CAPM 模型相比，CCAPM 更注重资产定价的经济学解释，它从特定的效用函数出发，结合投资者的消费、储蓄及跨期消费的边际替代率，对资产风险溢价的经济因素做出解释。

(二)套利定价模型(APT)

单因素模型 $r_i = E(r_i) + \beta(F) + e_i$，$F$ 为宏观经济因素的冲击。总风险是系统风险和特定风险之和，即 $\sigma_i^2 = \beta_i^2\sigma_F^2 + \sigma^2(e_i)$。单因素模型的 β，可以通过历史数据来估计。由于假定单个资产之间不相关，随着组合的资产类型增加，其特定风险和整体风险随之减少。单因素模型如下

$$\begin{aligned} & r_{it} = \mu_i + b_i f_t + e_{it}, \\ & E(f_t) = 0, \\ & E(e_{it}) = 0, \\ & \mathrm{Cov}(e_{it}, f_t) = 0, \quad \forall i \\ & \mathrm{Cov}(e_{it}, e_{jt-1}) = 0, \quad \forall i \neq j \end{aligned} \tag{2-2}$$

其中，r_{it} 是证券收益率；f_t 是非条件非预期的因素回报；b_i 是因素的敏感系数；e_{it} 是该证券的特定回报；μ_i 是该组合的非条件预期收益。

将(2-2)式变形后得到：

$$E\{(r_{it} - \bar{r}_t)(r_{it-1} - \bar{r}_{t-1}\} = \sigma_\mu^2 + \sigma_b^2 \mathrm{Cov}(f_t, f_{t-1}) + \overline{\mathrm{Cov}}_i(e_{it}, e_{it-1}) \tag{2-3}$$

其中，σ_μ^2 和 σ_b^2 分别是预期收益的交叉方差和因素弹性。第一、二项代表系统性风险，第三项代表非系统性风险。

当资产组合中含有大量股票时，(2-3)式可以变化为：

$$\mathrm{Cov}(\bar{r}_t, \bar{r}_{t-1}) = \bar{b}_i^2 \mathrm{Cov}(f_t, f_{t-1}) \tag{2-4}$$

时间序列的相关性也是系统风险的一部分。当用历史数据来估计单因素模型时，存在超额收益 α。

利用单因素模型对基金业绩进行评价时，主要指标有：夏普指数、詹森

指数、特雷诺指数、信息比率、M^2等。王千红等(2007)认为，运用单因素指数进行业绩评价具有简便和操作性强的特点。吴启芳等(2003)通过对1999年9月28日至2001年10月19的共15只基金周收益，按照夏普指数、詹森指数、特雷诺指数、信息比率、M^2等指标进行业绩排序，发现选取不同指标会对业绩排序有一定的影响。

当宏观经济因素冲击为多个因素时，得到多因素模型为：$r_i = E(r_i) + \beta_{i1}(F_1) + \beta_{i2}(F_2) + \cdots + \beta_{in}(F_n) + e_i$。Fama和French(1993)实证发现规模风险溢价变量、账面与市场价值比风险溢价变量。具体变量的构建方法如下：首先将所有股票按照价值大小等分为两个组，大价值组(B)和小价值组(S)，将小价值组和大价值组在每个时点的组合收益率作差，得到*SMB*，其次，按照账面与市场价值比降序排序，前30%和后30%分别被称为高账面与市场价值比组(H)和低账面与市场价值比组(L)，将高账面与市场价值比组和低账面与市场价值比组的每个时点组合收益率作差，得到*HML*。实证发现，三因素模型的解释力和预测能力比单因素提升了许多。

Carhart(1997)利用1962年1月至1993年12月不存在存续偏差的股票型基金月数据，在综合了Fama和French(1993)的三因素模型以及Jegadeesh和Titman(1993)的一年期的动量势能变量后，得到四因素模型。构造的一年期动量势能变量，是根据过去11个月的资产平均收益率降序排列，前30%和后30%被定义为赢者组合和输者组合，将赢者组合和输者组合的每个时点的组合收益率作差，得到持续性变量PR1YR。实证发现股票市场的一般因素和投资费用几乎可以完全解释股票基金业绩持续性，并否定了基金经理的选股能力。

Ross(1976)提出了套利定价模型(APT)。基本假设是证券收益率能用因素模型表示；能构建充分分散风险的资产组合(非系统风险为0)；有效市场不允许存在套利机会。从假设中不难发现，套利定价模型是基于无套利思想和有效市场假说。

套利是指当资产价格偏离其均衡价格时，可以通过交易产生无风险收益。当资产价格高于均衡价格时，卖出资产；当资产价格低于均衡价格时，买入资产。当不存在投资成本时，存在套利机会可以获得巨额利润，但是在有效市场中，套利机会持续时间不长。套利行为会使具有相同因素敏感性的证券或证券组合提供相同的预期收益率，否则可以使用相同因素敏感性的证券或证券组合进行套利活动。也就是说，市场均衡会排除套利机会。同时，当将无套利条件加在一个单因素市场上，意味着期望收益—贝塔关系对所有充分分散化的投资组合及所有单个证券(除可能的一小部分以外)都成立。

套利定价模型(APT)的依据是，假定资产收益率表示成一个解释变量为多因素线性模型：$r_i = E(r_i) + \beta_{i1}(F_1) + \beta_{i2}(F_2) + \cdots + \beta_{in}(F_n) + e_i$。多因素模型认为收益率受多个系统性风险因素的影响，敏感性是从β中体现出来的。关于套利定价模型(APT)的因素的选择、数量及解释，曾引起过激烈的讨论。

张昱(2007)通过对2003年和2004年开放式基金业绩的研究，发现单因素模型和三因素模型的阿尔法值有较大差异，2004年的三因素模型的*HML*回归系数为负值，阿尔法值比单因素的值大。屠新曙等(2010)通过对股改后的2006年1月1日至2009年3月19日的基金周收益率的研究，发现绝大多数的*RMRF*、*SMB*和*HML*的系数是显著的，三因素模型的拟合优度较大，具有较好的解释力。单因素和三因素都认为阿尔法值在统计上是显著的，即基金业绩存在超额收益。袁皓(2007)通过对2001年至2006年所有封闭基金建立包含动量势能的四因素模型，发现四因素模型仅能解释基金组合组间收益差额的50%，剩余的组间收益差额可能源自基金经理的股票选择能力，也可能源自四因素模型未能捕捉到的其他影响股票价格截面变动的因素。江萍等(2011)采用Carhart四因素模型，研究发现基金管理公司组织、股权结构对基金绩效有影响，国有控股、中外合资基金管理公司的基金绩效较好。

总的来说，资本资产定价模型(CAPM)和套利定价模型(APT)，具有以下相同点。第一，关于风险的划分，都把总风险划分为系统性风险和非系统性风险。第二，都认为非系统性风险可以分散，而系统性风险是不可分散的。第三，只有系统性风险会有补偿收益，而非系统性风险是可以分散的，所以不会有补偿风险收益。第四，当只考虑单一市场因素时，资本资产定价模型(CAPM)和套利定价模型(APT)是一致的。从某种程度上来说，套利定价理论可以被认为是一种广义的资本资产定价模型，来理解市场中的风险与收益率间的均衡关系。

资本资产定价模型(CAPM)和套利定价模型(APT)，具有以下不同点。第一，套利定价模型的假设条件远少于资本资产定价模型，没有过于理论和复杂的假设条件。第二，影响的因素考虑的范围不同，资本资产定价模型(CAPM)只考虑了一个因素，所以可以看成套利定价模型(APT)的特例。第三，套利定价模型难以检验，因素的选择、数量及解释也有一定的难度，所以备受争议。但是，无套利思想是金融资产定价的重要方向。

(三)随机折现因子定价模型

随着资产定价的发展，提出了随机折现因子定价模型。资产定价理论核心是风险和收益之间的关系。当无套利机会不存在时，这时资产的价格可以通过未来收益和“随机折现因子”来确定。

Cochrane(2001)在随机折现因子框架下分析了整个资产定价理论。其资产定价方程是 $P_t = E_t(M_{t+1}X_{t+1})$。其中，$X_{t+1}$ 是资产在 $t+1$ 时刻的随机收益；M_{t+1} 是 $t+1$ 时刻的随机折现因子；E_t 是在当前已知信息条件下的条件期望。

随机折现因子的存在性、线性和唯一性等，与市场结构有紧密的联系。当市场是完全的，随机折现因子是唯一的。当随机折现因子不唯一时，存在且仅存在唯一被交易的随机折现因子。

当存在无风险资产，且收益始终是 1 时，有 $P(1) = E(M_{t+1})$。此时，资产定价方程是 $P_t = E(X_{t+1})/r_f + \mathrm{Cov}(M_{t+1}, X_{t+1})$。也就是说，资产的价格由两部分决定，时间价值和未来期望价值对无风险利率的折现(风险价值)。风险价值将随未来而随机波动。

随机折现因子分析框架是一个统一的资产定价理论，可将 CAPM 和 APT 模型都纳入随机折现因子模型中，而研究的重点也是在不同假设下随机折现因子的存在性及其特性。

四、基金分红和“封闭式基金折价之谜”

分红是一种回馈股东的行为，会减少资产规模。同时，“封闭式基金折价之谜”一直在金融学领域备受争议。“封闭式基金折价之谜”是指在基金的交易过程中，交易价格低于净资产价值(NAV)。本节将对分红和“封闭式基金折价之谜”进行文献回顾。

(一)基金分红

分红是一种回馈股东的行为，会增加现金流支出、减少资产规模。现代公司金融理论认为，红利政策有信号传递效应、群落效应和代理成本问题等。

信号传递效应，是指管理者对公司有着更多的信息，而投资者透过股利变化来挖掘更多的公司信息。当外部融资成本高于内部融资成本，公司管理者利用内部信息的优势，预测到未来自由现金流的情况不是太好、公司价值将减少时，将更倾向于内部融资、减少分红。所以说，当股利上升时，传递给投资者的信号是公司业绩优异、可持续和未来净值还会增长；当股利下降时，传递给投资者的信号是公司业绩不理想、不可持续和未来净值还会缩水。①

群落效应，是指投资者对特定公司的红利和资本增值有不同的偏好，不

① Ross, S., “The Determination of Financial Structure: The Incentive-signaling Approach”, *Bell Journal of Economics*, 8(1), pp. 23—40, 1977.

同的红利政策会吸引不同的投资群体。因此，只要市场上存在这样特定的一群投资者，分红的多少还是有重要意义的。群落效应还指出公司应当避免任意改变分红而引起投资者的撤资。对于基金公司而言，特定的基金公司的分红模式也会吸引特定的投资者，并不应任意改变分红。

红利政策可以作为减少代理成本的重要工具。高分红将减少公司的自由现金流和可分配收益，使投资更加谨慎，合理地进行投资，减少不必要的投资，从而减少代理成本。

陈利春(2006)通过对各个开放式基金成立日至2005年6月30日的209次分红的研究，采用事件研究的方法，认为我国基金市场存在分红效应，在分红当日和分红后第一日(短期内)对基金累计净值产生了正影响。李婷等(2009)对截至2007年11月的存续时间在一年以上的货币式基金(不包括封转开的基金)，构建开放式基金最低红利承诺的信号模型，研究发现红利并不是越高越好，中等承诺红利水平的基金经理具有最突出的业绩表现和最高的生存概率。具有获取高收益能力的基金经理会选择稍低水平的红利支付率，这样既满足了分红的要求又不会让基金规模下降太多。丁文捷(2010)定义单位分红大于0.3元为大比例分红，通过对2006年至2007年在每个季度报告披露日期后一个月之内分拆和大比例分红的开放式基金的研究分析，发现基金大比例分红后面临的流动性压力减少，但是对基金业绩和盈利能力有不良影响，不建议频繁使用大比例分红策略。参考股利异常分红，并结合我国基金分红的实际情况(分布和中位数等)，本书定义股票型基金每年支付大于等于0.2元的红利是异常分红。

Nanda等(2004)认为，基金投资者会先选择基金公司，再选择单个基金。绩优的明星基金对该公司的其他基金销售有正溢出效应。Barber等(2008)提出，个人投资时只选择引发其关注的股票。此外，业绩还会对赎回压力、现金流等产生影响。Sirri等(1998)提出，媒体降低信息搜集成本，媒体关注对于基金的现金流有影响。陆蓉等(2007)认为，中国开放式基金业绩与资金流动的关系与成熟市场不同，由于“反向选择”存在，赎回压力较大的是业绩良好的基金而不是业绩较差的基金，即业绩和赎回存在负相关。异常分红在一定程度上会引起投资者的关注，吸引投资者购买。异常分红本身会减少资产规模，但是这个资产规模减少的效益能否被投资者认购的效应抵消，是需要进一步研究的。而肖峻等(2011)认为基金滞后年度收益率与资金净流量有显著的正相关，从而否定了“赎回异象”。

国内学者刘磊等(2007)和谢岚等(2009)利用二元逻辑模型对2006年开始的基金公司异常分红进行了实证研究。刘磊等(2007)通过对2006年异常分红的研究，认为我国开放式基金异常分红与基金累计净值、成立时间、基金类型呈显著正相关，与基金最新规模呈显著负相关。而谢岚等(2009)通过对2006年和2007年异常分红的研究，认为异常分红明显受到投资类型、单位基金可分配收益的影响，与基金最新规模、累计净值增长率、投资风格等因素没有显著的相关关系；股票型基金易发生异常分红现象，且与单位基金可分配收益呈显著负相关。

(二)“封闭式基金折价之谜”

Zweig发现封闭式基金的净资产大于交易价格，存在一定的折价。他认为，这与投资者的预期和投资情绪有关。① 具体来说，“封闭式基金折价之谜”是指在基金的交易过程中，交易价格低于净资产价值(NAV)，这与传统理论的等价值交换不同。从我国封闭式基金发展的历程来看，封闭式基金经历了早期溢价、折价和折价趋于0的过程。从总体上看，基金折价从2005年年初的折价率30%左右逐步减少至2009年年底的折价率20%左右。从单个基金来看，基金的折价率随存续时间逐渐减小。

封闭式基金规模在募集时就已经确定，并有一定的锁定期和存续时间。在此期间，基金并不能被赎回，所以封闭式基金并没有赎回的现金流压力。一方面，封闭基金的折价可以实现无套利，在熊市中被广大投资者所热捧；另一方面，是因为基金的分红可以满足投资者落袋为安的要求。封闭式基金在这些方面与开放式基金存在本质区别。

从整体上看，研究“封闭式基金折价之谜”主要从传统理论和行为金融学理论两个角度进行诠释。

传统理论主要包括代理成本理论、资本利得税理论、资产流动性缺陷理论、管理绩效理论和市场分隔假说理论。根据代理成本理论，当管理费用过高时，会使折价率变大。代理成本理论在我国具有一定的特殊性。在中国实行的是契约制，即基金的股东不是基金的真正股东，而是基金管理公司。Stulz(2005)提出国家政权和公司内部人的“双重代理问题”。而我国基金市场也存在类似的基金管理层、基金投资者和基金管理公司的“双重代理矛盾”。资本利得税理论，是指当净资产中包含的未实现资本利得税越多时，基金的折价率也越高，但是国内一直未征收资本利得税，所以这一理论在国内不适用。资产流动性缺陷理论，是指基金投资持有流动性受限股票或大量股票在变现时存在流动性成本，而导致基金持有的资产价格低于其公布的价值，所

① Zweig, Martin E., “An Investor Expectation Stock Price Predictive Model Using Closed-End Funds Premiums”, *Journal of Finance*, 28, pp. 67—78, 1973.

以产生了折价。管理绩效理论认为，封闭式基金折价在一定程度上反映了基金管理能力。封闭式基金的管理能力较强，将减少基金的管理成本和代理成本，最终将带来更好的收益，封闭式基金的价格也将体现出这一点，表现为更加接近资产净值，因此基金折价也就越小。相反，当封闭式基金的管理能力较差时，将需要耗费更多的人力、物力以及更多的精力监督管理层，这样会降低收益，反映在基金净值上来说，就是折价率上升。Boudreaux(1973)和Malkiel(1977)认为，未来业绩预期会对封闭式基金折价有正相关作用，并且不受风险基准选择的影响。市场分隔假说理论，是指由于国际市场分隔和国内市场存在不同的投资群体，所以对基金产生不同的反应而产生折价。

与传统理论的理性人假设不同，行为金融理论认为人是有限理性的。自20世纪80年代以来，行为金融学通过对人的心理行为特征以及主观预期的分析，在解释"异常现象"方面发挥了重要作用。DSWW模型假设在两期且存在噪声交易时，投资者将面临资产和情绪风险。由于风险补偿的缘故，所以存在折价。而LST理论将投资者区分为理性和非理性投资者，并解释了情绪对于折价波动和随时间减小的现象。关于行为金融学更进一步的文献回顾，见下文基于行为金融学的持续性成因探究。此外，基金投资者会先选择基金公司，再选择单个基金，绩优的明星基金对该公司的其他基金销售有正溢出效应。①

国内学者也对封闭式基金折价进行了深入研究。杨玉明(2010)通过对2005年至2007年封闭式基金折价率的研究，进一步提出随着基金的到期或转型，折价率会逐步趋于0；影响各基金折价的因素相近，以股票指数为代表的投资者情绪对基金折价率具有一定解释力。唐静武等(2009)认为，换手率是市场情绪的重要指标，中国股市市场情绪产生溢价并使深沪两市的收益产生波动。而赵俊(2004)认为，投资情绪并不能解释折价问题；国内大型基金的折价高于小型基金，是造成基金折价的重要原因。赵龙凯等(2008)认为，封闭式基金折价和溢价反映了市场对于基金未来管理绩效的预期；当期折价率和未来管理绩效之间存在显著的正向关系，由四因素模型计算出的超额收益 α 可作为管理绩效指标。MacKay等(2007)通过对2001年1月至2005年6月我国开放式基金和封闭式基金业绩的研究，认为开放式基金业绩优于封闭式基金。当基金管理公司拥有更多数目的封闭式基金时，该公司的开放式基金会以封闭式基金为成本，通过开放式基金的优先交易和更好的资源配置，获得

---

① Nanda, V., Z. J. Wang, and L. Zheng, "Family Values and the Star Phenomenon: Strategies of Mutual Fund Families", *Review of Financial Studies*, 17, pp. 667—698, 2004.

更好的业绩表现。基金管理公司管理的开放式基金越多、封闭式基金越少，则封闭式基金的折价越深。董超等(2006)采用基金管理公司开放式和封闭式基金数比来研究折价，也证实了这一点。蔡祥等(2011)研究发现，基金经理有将封闭式基金向开放式基金进行利益输送的利己动机，利益输送额和封闭式基金折价率呈正相关。我国正处于经济转型期，存在一些基金公司是国有控股的情况。Fisman(2001)认为，国有公司将通过国有股东而获利，而Frye等(1997)却认为国有公司不能通过国有股东而获利，反而会受损。江萍等(2011)认为，国有资本对开放式股票型基金业绩存在"帮助之手"效应。

五、基于行为金融学的业绩持续性成因探究

传统理论对于基金业绩持续性的解释是基于有效市场。有效市场假说有三种形式：弱式有效市场、半强式有效市场和强式有效市场三种，分别包括了由历史资料揭示的信息、所有相关的公开可获得信息、所有公开和非公开的可获得的信息。但由于异常事件的存在也使有效市场假说备受争议。异常事件是指某种未被预期的事件，可以给投资者带来超额利润。异常事件包括季节异常、事件异常、公司异常和会计异常。而对于有效市场假说的质疑也影响了传统理论对于业绩持续性的解释。

20世纪80年代以来，股权溢价之谜、波动率之谜、金融泡沫、处置效应、股票收益的中期惯性与长期反转、期权微笑等异常现象，引发了对现代金融理论在证券资产价格定价中的作用的怀疑，行为金融学就是在这一背景下发展而来的。与传统理论以无套利、有效市场和均衡模型为基础所不同的是，行为金融是将人的行为特征、心理倾向和主观预期等与传统相结合，并假设投资者在不确定条件下按照有限理性进行决策。

"有限理性"是指投资者在不确定条件下，决策过程中表现出的与完全理性假设不同的行为特点。按照传统理论，理性人在不确定条件下按照贝叶斯法进行期望效用的计算并决策；即使存在非理性，这种非理性也是可以相互抵消的，呈现整体理性。而事实上，投资者在不确定条件下，会受到认知偏差、框架依赖和可感知性的影响而出现偏差。

(一)行为资产定价模型的理论基础

行为资产定价模型的理论基础是认知偏差、框架依赖和可感知性。

认知偏差，是指投资者在进行投资时，凭借经验，用一种简单、笼统的规律或策略来做决策。具体来说，分为代表式偏差、可得性偏差以及锚定与调整偏差。代表式偏差，是指投资者倾向于依据观察到的模式与其经验中该类事物的代表模式的相似程度来进行判断，而忽略了一些影响实际概率的因

素而产生偏差。产生代表式偏差源于对基础概率不敏感、对样本规模不敏感、对偶然性的误解、对可预测性的不敏感、有效性幻觉及对回归均值的误解。可得性偏差，是指估计个别投资事件发生的频率或概率时，事件的新近性、显著性、生动性和事件发生时伴随的情感相似性都会影响投资者记忆的可得性，导致估计的概率发生偏差。产生可得性偏差源于由例证可得性导致的偏差、由搜索效率导致的偏差、意象偏差、虚幻的相互联系及可得性导致的偏差总结。锚定与调整偏差是指在做投资决策时，投资者从某个初始投资开始并调整到目标值，但受心理形成机制的影响，调整是不充分的，不同的初值产生不同的偏向初值的最终估计值。锚定与调整偏差源于不充分调整、联合事件和分离事件估计中的偏差、主观概率分布估计的锚定问题。

框架依赖，是指投资者在进行投资决策时，依赖于所面临投资的呈现形式来判断决策。框架依赖分为偶然性的框架依赖和结构的框架依赖。偶然性的框架依赖体现了确定性和伪确定性效应。确定性效应，是指投资者对于确定性收益会比不确定性收益更加敏感。所以，当投资者面对的确定性收益增大时，表现出风险规避；而当投资者面对的确定性损失增大时，表现出风险规避。伪确定性效应是指确定性源于虚幻的感觉。结构的框架依赖是由于评价的客观参照系、心理参照系和综合参照系的存在而产生的。

可感知性，主要从心理直观感受的角度出发来决策投资，受遗传因素、物理背景相关的因素、历史背景相关的因素以及反应触发、联想激活的随机干扰影响。

(二)反应不足和反应过度

反应不足是指人们对信息反应不准确，思想存在惰性，不愿意轻易改变原来的想法、思想保守。当新信息到来后，人们对信息的反应不足，新信息对资产价格的作用逐步显现，所以出现业绩持续性。反应过度是指人们对信息的理解会有偏颇，对于一些信息的反应过激，新信息对资产价格的作用过度反应，所以出现业绩反转。反应不足和反应过度并没有否定消费者的理性行为，都是消费者在有效信息集中做出的有限理性选择。

反应不足主要源于保守心理。保守心理，是指人们面对新的信息，想法改变缓慢。反应过度主要源于表现启发式思维。表现启发式思维，是指在信息有限、计算太大时，人们会采用经验的分析方法，根据过去的良好业绩，而主观提高了未来该公司出现好业绩的概率。

De Bondt 和 Thaler(1985)对 1926 年 1 月至 1982 年 12 月的纽约证券交易所股票进行研究，发现在接下来的三年中，过去三年表现最好的 35 只股票

(赢者组合)的异常收益率低于过去三年表现最差的 35 只股票(输者组合)。[①]此外,Jegadeesh(1990)和 Lehmann(1990)通过观察形成期为一周、一个月的累计收益构造赢者组合和输者组合,发现存在反转,这可能源于短期的价格压力、市场流动性不足。

Jegadeesh 和 Titman(1993)采用重叠形成期来构造赢者组合和输者组合,实证基金业绩在一年或两年内存在持续性,但在长期基金业绩存在反转。形成期分别为 3 月、6 月、9 月和 12 月,持有期分别为 3 月、6 月、9 月和 12 月,发现通过相对强势策略在一年左右的时间里可以获取超额收益。Jegadeesh 和 Titman(1993)认为,系统风险和股票价格对因素的滞后反应,并不是相对强势策略超额收益的来源。Jegadeesh 和 Titman(1993)还认为,在中期(一年的时间)的持续性是因为短期内对信息反应不足,而长期对信息的过度反应造成业绩反转。这需要进一步建立行为金融的模型进行实证。Jegadeesh 和 Titman(2001)再次使用了 Jegadeesh 和 Titman(1993)的方法,而样本选择的是 5 美元以上的上市公司股票,得到了类似 Jegadeesh 和 Titman(1993)的结论。Liew 和 Vassalou(2000)通过对 10 个发达国家金融市场的研究,发现绝大多数股票市场在中期存在反应不足。Grinblatt 和 Titman(1989)认为,基金通过购买上一个季度表现好的股票实现了盈利。Grinblatt、Tittman 和 Wermers(1995)通过对 1975 年至 1984 年基金季度持仓和投资风格的研究,发现绝大部分基金实施的是 Grinblatt 和 Titman(1989)策略。所以,基金业绩持续性有可能来源于股票市场的持续性。

周琳杰(2002)以 1995 年至 2000 年的深沪两市股票为研究样本,认为我国股市存在价格惯性。李诗林等(2003)指出,在半年内市场股价变化总体保持了相对强弱持续状态。我国基金业绩的持续性还来源于我国股票市场的反应不足。朱战宇等(2004)针对 1994 年 1 月至 2001 年 12 月的股票市场调整后收益率(MAR),从收益率和交易量两个角度对动量势能进行研究,收益率的检验结果表明中国股市总体不存在价格动量,但从交易量的角度来看,低交易量组合的股票存在价格动量,高交易量赢者组合的股票发生显著的价格反转。低交易量组合的动量势能是因为其消息扩散速度的缓慢造成,高交易量赢者组合的价格反转是对消息依赖者的反应不足进行套利而出现了的反应过度造成,这与中国股市的特殊结构有关。

吴世农等(2003)对 1999 年 7 月 1 日至 2002 年 12 月 31 日基金重仓持有的

---

① De Bondt 和 Thaler(1987)、Poterba 和 Summers(1988)以及 Chan、Jegadeesh 和 Lakonishok(1996)印证了 De Bondt 和 Thaler(1985)的结论。

股票进行分析研究，发现在一年以后赢家组合发生了显著的反转现象，而输家组合却发生了显著的惯性现象。赢家组合出现的反转现象是因为基金管理者在组合形成期内抬高了股票价格，由于“追涨杀跌”的投机心理的存在，在信息披露后吸引中小投资者跟进，但目标超常收益实现后的抛售行为导致该股票价格的下跌，从而产生反转现象。

王海侠等(2007)采用2003年1月1日至2005年12月31日的偏股型开放式基金的绝对和相对收益建立赢者和输者组合，研究发现当形成期和持有期为8周或12周时，反转策略赢利，动量策略亏损，反转策略的赢利来源于股票价格出现反应过度。但是，当考察时间较长时，股票价格出现反应不足，动量策略会赢利。这种情况说明我国基金投资者对短期消息过度关注、进行投机，对中长期消息重视不够。他们进一步提出，我国基金投资者的投资策略仍然是一种短期的投机策略，而不是长期持有的投资策略。谢赤等(2008)对2004年1月至2007年3月的52只开放式基金进行研究，从委托—代理关系出发，分析出对个股特征的信息反应不足，而对相对惯性反应过度。

游家兴(2008)认为，在短期内机构投资者对信息的反应程度和个体投资者对信息的反应程度具有差异性。机构投资者是相对理性的，而个体投资者则存在过度反应。然而，在中长期，机构投资者对新信息的反应是逐步调整的，同时个人投资者逐渐趋于理性，所以，此时市场整体表现出反应不足。王磊等(2011)采用Fama和Macbeth(1973)方法进行研究，发现市场对公司基本面无显著反应，但对公司发展前景的主观预期有过度反应。

(三)媒体关注

随着网络等媒体的迅猛发展，信息的传递速度在加快，信息的搜索成本也在下降，媒体对人的影响越来越大，在扩大投资者的信息集和推进投资者做出合理投资决策的同时，也加大了个体投资者行为趋同的可能。此外，随着我国媒体的逐步发展和投资者的逐步成熟，投资股票、基金的行为也更加理性。

Niederhoffer(1971)研究了《纽约时报》的5～8个专栏标题报道对股票价格的影响，发现媒体新闻报道对于股价有影响。Sirri等(1998)通过对1970～1990年20个媒体对基金报道进行研究，认为受媒体关注越高的基金的增长越快。Nanda等(2004)通过对1992年1月至1998年12月的股票型基金进行研究，发现“明星基金”会吸引更多的现金流，而且“明星基金”对同一公司的基金具有“溢出”效应。因此，投资能力差的公司有打造“明星基金”的动机。

媒体本身并不创造信息，只是一种信息中介，在日常生活中进行信息的搜集、证实、选择和包装。对于理性和有限理性投资者，都具有媒体效应。

对于理性投资者，媒体通过增加信息和增加认知，改变知情交易者和不知情交易者比例的市场理性结构，来影响资产价格。对于有限理性投资者，媒体给理性投资者提供了投资者间互动投资策略。投资者买入能够吸引其他投资者注意的资产从而可以轻而易举地把资产再次卖出、实现盈利。[①] 邹富(2011)对有日申购赎回数据的5只基金进行研究，发现在短期内拥有较好业绩和较大波动的基金更能引发投资者的注意。

贾春新等(2010)通过对限售股解禁的研究，发现投资者关注会引起股票的正回报。王振山等(2008)通过对2004～2006年A股股票进行研究，发现分析师是影响收益的因素。相对来说，关注度高的公司股票具有显著正的收益率。饶育蕾、彭叠峰和成大超(2010)通过对2000年8月至2008年1月的股票实施买入低关注股票、卖出高关注股票的策略，发现存在超额收益，并认为这来源于高关注股票的弱势表现。饶育蕾和王攀(2010)通过对2006年6月至2008年6月的246只IPO股票进行研究，发现以新闻数量作为指标的媒体关注度通过影响投资者情绪，与发行价呈正相关，对新股累计超额收益在短期内具有正效应而在长期具有负效应。

陆蓉等(2009)认为，基金公司会利用投资者的“代表性启发”偏误而使其受损。张婷(2010)对2004年3月至2008年12月的开放式股票型基金建立面板数据检验，研究发现“明星基金”能提高基金家族的新资金流入。宋光辉等(2011)认为，明星基金对整个家族会产生“溢出效应”，投资管理能力弱的基金家族会采用主动追逐“造星”策略，从而吸引更多新增资金流入。

(四)羊群行为

羊群行为是受投资情绪影响的行为，指在信息不完全、未来不确定的条件下，投资者原本打算投资一个项目，在得知其他投资者不投资时放弃投资的行为；投资者原本打算不投资一个项目，在得知其他投资者投资时进行投资的行为。由于投资者对其他投资者行为存在反馈效应，因此，同买同卖行为可能会造成资产价格在短期内大幅波动、影响市场稳定性，甚至会影响有效市场的实现。

---

① 杨继东：《媒体影响了投资者行为吗？——基于文献的一个思考》，《金融研究》，2007年第11期，第93－102页。

研究羊群行为主要有LSV法[1]、CH法[2]和CSAD法[3]。其中，LSV法是从交易信息角度出发，而CH法和CSAD法是从股价分散度角度出发。Lakonishok、Shleifer和Vishny(1992)提出了LSV法。通过对1985～1989年的769只免税基金季末持股量进行研究，从基金的交易行为对股价的潜在作用的角度出发构建度量羊群行为的指标，发现基金持有的股票规模会对羊群行为有影响，小股票存在羊群行为，以及买入前一期表现好和卖出前一期表现差的股票的行为。Wermers(1999)在LSV法的基础上提出了买入、卖出羊群行为指标。Christie和Huang(1995)提出CH法，从股票的收益率角度出发，采用回报的横截面标准差来度量羊群行为，发现单个股票收益率并不聚在市场以及行业收益率周围。Chang、Cheng和Khorana(2000)深化了CH法后提出CSAD法，采用横截面收益绝对差和市场回报及其平方的非线性回归分析，考虑了在不同的股市行情下羊群行为可能存在的非对称性，发现美国和香港市场不存在羊群行为，日本部分市场存在羊群行为，而韩国和中国台湾地区这两个新兴市场存在羊群行为。宏观因素比企业特定因素对羊群行为拥有更显著的作用。

祁斌等(2006)通过对1998年上半年到2005年上半年的投资组合，采用LSV法和Wermers的扩展方法进行研究，发现存在显著的羊群行为，同时使用正反馈操作策略和负反馈操作策略。刘成彦、胡枫和王皓(2007)对2004年1月至2006年3月的QFII月数据，构建*HM*、*BHM*和*SHM*指标，发现QFII之间具有较明显的羊群行为。甄红线(2009)对1999年第一季度至2002年第四季度的封闭式投资基金持有的前十名股票季度数据。构建*HM*、*BHM*和*SHM*指标，发现我国封闭式投资基金具有显著羊群行为，买入和卖出的羊群行为强度会随时间推移而变化。王学明(2010)对2003～2009年的开放式基金的投资组合季度数据，采用LSV法和Wermers法研究，发现存在明显的羊群行为，卖出的羊群行为大于买入的羊群行为。此外，羊群行为还具有季节性，在第二季度最明显。

胡海峰等(2010)对2004～2008年的所有基金(封闭式和开放式基金)的前

---

① Lakonishok, Josef, Andrei Shleifer and Robert W. Vishny, "The Impact of Institutional Trading on Stock Prices", *Journal of Financial Economics*, 32(1), pp. 23－43, 1992.

② Christie, William G. and Roger D. Huang, "Following the Pied Piper: Do Individual Returns Herd Around the Market?", *Financial Analysts Journal*, 51(4), pp. 31－37, 1995.

③ Chang, Eric C., Joseph W. Cheng, and Ajay Khorana, "An Examination of Herd Behavior in Equity Markets: An International Perspective", *Journal of Banking & Finance*, 24(10), pp. 1651－1679, 2000.

十位持仓股票，使用CSAD法进行研究，发现在不同的股市行情下存在显著的羊群行为。羊群行为源于宏观上的市场基础制度欠缺和管理部门过度干预，源于微观上的信息披露机制不完善和监管手段缺乏、基金运作模式与上市公司和投资者理念之间的矛盾。

此外，徐信忠等(2011)采用Choi和Sias(2009)的研究方法，发现在行业层面基金投资行为存在羊群现象，这不完全是基金个股的羊群现象在行业层面的表现，也不全是基于"规模—账面市值比"的风格投资行为所致。王磊等(2011)认为，当市场对公司发展前景预期乐观或者悲观时，基金在股票上表现出买方羊群行为或卖方羊群行为，这会加重市场过度反应。

（五）投资者行为决策模型

投资者行为决策模型主要包括BSV理论、DHS理论和HS理论。这三个理论是以投资者的情绪和认识偏差为前提，从各自的角度解释了股票收益惯性与反转现象。

BSV模型假设投资者在进行投资决策时存在两种偏差：代表性偏差和保守性偏差(反应不足)。投资者认为，公司盈利在两个区域或状态中变化。在模型1(状态1)中，投资者认为盈利围绕平均值上下变动；在模型2(状态2)中，盈利的一个冲击很可能伴随的是同一个方向的连续冲击。BSV模型定义了反应过度和反应不足。反应过度是指经历一系列正阶段收益后预期收益要低于经历一系列相同数量的负阶段收益后预期收益。同理，反应不足是指经历一系列正阶段收益后预期收益要高于经历一系列相同数量的负阶段收益后预期收益。BSV模型认为，初始时投资者受保守型偏差的影响，对股票趋势反应不足，使得证券低估，产生动量势能；随后受代表性偏差的影响对证券价格的趋势变动反应过度，加剧了动量势能。但是，在长期，投资者意识到偏差，故出现反转。①

DHS模型是基于过度自信和自我归因偏差。模型假定市场中存在两类交易者，即拥有私人信息的交易者和无私人信息的交易者。无私人信息的交易者不易受到判断偏差的影响，而金融资产的价格是由有私人信息的交易者决定的。当投资者自信指数保持不变和存在自我归因偏差时，对私人信息的过度自信会引起信息交易者对信息的反应过度，而导致证券价格偏离其价值。但随后的公共信息与私人信息起的作用相对较弱，故在短期还是以动量势能

① Barberis, N., Shleifer, A., Vishny, R., "A Modal of Investor Sentiment", *Journal of Financial Economics*, 49, pp. 307—343, 1998.

为主。直到长期，投资者意识到偏差，出现业绩反转，但时间较长。①

HS模型假设投资者分为“信息挖掘者”和“惯性交易者”。两类投资者都是有限理性的，都只能利用一部分的公共信息。“信息挖掘者”根据观察到的关于未来情况的私人信息进行预测，而“惯性交易者”根据历史价格变化进行预测。同时，私人信息在“信息挖掘者”中逐步扩散。最初的“信息挖掘者”过分重视私有信息而反应不足，此时动量势能策略是有利可图的，套利行为又将整个市场推向了反应过度的一面。较早的动量交易者会给较晚的动量交易者带来负的外部性。HS模型中的信息扩散过程，既包括反应过度，又包括反应不足，所以被称为“统一模型”。② 而徐捷等(2006)采用Badrinath和Wahal(2002)的动量测度，对基金季报重仓股进行动量交易行为研究，发现基金总体上并不表现为“追涨杀跌”的正反馈交易者。建仓或买入时表现为动量交易者，而清仓或卖出时表现为反转交易者，这表明基金投资活动有助于加速个股价值发现过程。

总的来说，BSV模型、DHS模型和HS模型都是基于投资者的心理和有限理性假设。不同的是，BSV模型假设投资者是同质的，而DHS模型和HS模型假设投资者是异质的。这三个模型都可以用来解释股价的动量势能。BSV模型认为，初始时投资者受保守型偏差的影响对股票趋势反应不足，使得证券低估，产生动量势能；随后受代表性偏差的影响对证券价格的趋势变动反应过度，加剧了动量势能。但是，在长期中投资者意识到偏差，故出现反转。DHS模型认为，当投资者自信指数保持不变和存在自我归因偏差时，由于对私人信息的过度自信引起信息交易者对信息的反应过度，而导致证券价格偏离其价值。但随后的公共信息与私人信息相对起的作用较弱，故在短期还是以动量势能为主。直到长期，投资者意识到偏差，故出现反转，但时间较长。HS模型的解释和BSV模型相似，认为最初的反应不足和之后的反应过度共同造成了动量势能。

Barberis等(1998)认为，投资者对利好的新信息反应不足、对利空的坏信息反应过度是导致持续性的重要原因。游家兴(2008)认为，在短期内机构投资者和个体投资者对信息的反应程度具有差异性。机构投资者是相对理性的，而个体投资者则存在过度反应。然而，在中长期，机构投资者对新信息的反

---

① Daniel, KD, D. Hirshleifer, and A. Subrahmanyam, “Investor Psychology and Security Market Under-and Overreactions”, *Journal of Finance*, 53(6), pp. 1839－1885, 1998.

② Hong, H., and J. C. Stein, “A Unified Theory of Underreaction, Momentum Trading and Overreaction in Asset Markets”, *Journal of Finance*, 54(6), pp. 2143－2184, 1999.

应是逐步调整的，同时个人投资者逐渐趋于理性。祁斌等(2006)认为，我国证券投资基金具有比较明显的羊群行为，在流通盘较大和较小的股票上的羊群行为则格外显著。杨继东(2007)认为，媒体会对投资者行为产生影响。徐琼等(2008)认为，任职时间较长的基金经理投资绩效比任职时间较短的基金经理投资绩效要好，我国基金经理都具有一定的风险管理意识，但风险控制能力还有待加强。林兢等(2011)认为，我国基金经理的选股能力、择时能力等投资能力仍没有显著提高。

(六)基金经理行为

我国基金实行的是公司制，即基金的股东并不是投资者，而是基金管理公司。此时，基金管理公司、基金经理和投资者之间存在“双重代理矛盾”。基金管理公司追求利润最大化(管理费等)，基金经理追求管理资产规模、报酬和升迁机会最大化，投资者追求自身回报最大化。正是这三种最大化的追求，同时作用于基金业绩。

基金经理的行为对基金业绩存在巨大作用，基金经理的投资行为主要涉及基金经理投资决策能力以及择时能力等。此外，基金经理的个人素质和个人投资经验也会对投资业绩产生巨大影响。韩燕等(2011)认为，分析能力强的基金更多地投资于被卖方分析师关注较少以及信息不透明的股票，且持股行业集中度高。

基金的业绩和基金经理的升迁或离职有密切关系，同时明星基金经理受到投资者和基金公司的追捧，收入颇丰。陆家骝等(2007)通过对1998～2004年封闭式基金的基金经理更换事件进行事件研究，发现基金业绩越差则基金经理被更换的概率越高，而业绩越好与基金经理升迁概率越高的关系并不明显。更换基金经理并不能完全改善基金业绩。徐琼等(2008)通过对开放式基金的研究，发现开放式基金业绩较好的基金经理的平均任职时间也较长。姚正春等(2006)通过对1998年至2005年6月封闭式基金经理任职情况的研究，发现基金的业绩与基金经理的任职时间长度无关，没有发挥基金业绩压力的作用。郭文伟等(2010)发现基金经理变更越频繁，开放式基金的风格漂移也越严重。

基金业绩还会对基金承担的风险产生影响。Brown、Harlow和Starks(1996)通过对1976～1991年增长型基金的年度基金业绩比赛(Tournaments)的研究，发现在中期的输者比赢者更倾向于承担更大的风险来获取更好的业绩排名。彭寿康(2010)通过对我国股票型和混合型开放式基金进行研究，发现业绩差的基金具有业绩持续性，这源于业绩较差的基金经理偏好于更具有风险的投资，但是并没有因为承担了高风险而获得高收益补偿。

基金经理的个人素质和投资经验等，会对基金业绩产生重大影响。徐琼等(2008)发现开放式基金业绩较好的基金经理心态也较好，一般不随意更改投资配置。基金经理的年龄会对其理性投资的程度造成影响。李晓梅等(2010)通过对2005～2007年的开放式基金进行研究，发现经理个人素质(性别、年龄、任期和教育水平)会对基金业绩产生影响。

基金经理的择时能力，也会对基金业绩产生重大影响。郭文伟等(2010)对2004～2007年的52只开放式基金的月数据进行研究，发现绝大部分基金存在择时能力。杨湘豫等(2007)对2006年的10只开放式基金进行研究，基金在不同的市场行情中所表现出来的择时能力和择股能力会和整体样本有所不同。毛一鹏等(2009)通过对2006年9月至2008年11月的18只开放式基金建立面板模型进行研究，发现基金在不同的市场行情中会表现出不同的择时能力和择股能力，股票的规模会对基金业绩造成影响。熊胜君等(2006)通过对1998年4月至2004年10月的开放式基金和封闭式基金进行研究，发现更换基金经理并没有显著地提高基金的择股能力和择时能力。李悦等(2011)认为，我国开放式股票型基金在6个月左右的时间里存在明显的业绩持续性，管理人的选股能力和择时能力并不能解释业绩持续性。林兢等(2011)认为，我国基金经理的选股能力、择时能力在2005～2009年没有显著提高，这也使得基金公司业绩仍不具有显著的持续性。

总而言之，业绩持续性在我国基金市场的存在是有理论基础的。本书拟在前人研究的基础上进行创新，将我国基金市场的基金业绩持续性现象研究和行为金融学分析相结合，着重从反应不足、媒体作用、羊群行为以及基金经理投资行为等角度对基金业绩持续性进行理论研究。

第三章　基金业绩持续性实证分析

我国基金业始于20世纪90年代，经历了二十余年的发展，基金的数量和规模均增长较快。学术界和业界对交易投资策略的争论一直备受关注。按照对过去业绩和未来业绩关联性的判断，有两种重要策略——相对强势策略(Relative Strength Strategy)和反转策略(Contrarian Strategy)，也被称为惯性策略和逆转策略。相对强势策略是指买入过去表现好的基金，同时卖出过去表现差的基金。而反转策略则恰好相反，是指买入过去表现差的基金，卖出过去表现好的基金。基金业绩持续性是相对强势策略有效的一个基本前提，即上一期表现较好的基金在下一期也表现较好，上一期表现较差的基金在下一期也表现较差。在这一前提成立时，采取相对强势策略会带来超额利润，否则将会产生重大损失，这时就应采用反转策略。

吴启芳等(2003)和李学峰等(2007)采用回归模型发现在半年左右的时间里存在基金业绩持续性，但在其他时期并不存在。庄志云等(2004)和袁皓(2007)采用重叠形成期的统计方法，发现封闭基金业绩具有持续性。袁皓(2007)进一步提出封闭基金业绩存在持续性但随时间迅速递减、高收益基金具有高系统风险。但国内也有一些学者认为中国基金业绩并不存在持续性和季节效应。此外，李宪立等(2007)的基金超额收益自回归模型分析和李昆(2005)的横截面回归分析，都认为基金业绩的计算方式会对结论产生一定的影响。

本章将采用Jegadeesh和Titman(1993)的方法构造J月形成期和K月持有期策略(简称为“J月/K月策略”)，对基金业绩持续性进行实证分析。论证相对强势策略适用的情况，并对业绩持续性的来源从单因素模型、*beta*和净资产规模、序列相关性以及对信息的反应程度等方面进行分析。按照*beta*和净资产规模等分为三组，对子样本进行稳健性检验及季节效应研究。本章的数据统计分析以及模型回归使用的是SAS 9.1软件。

一、相对强势策略组合

本书按照Jegadeesh和Titman(1993)的方法构造J月形成期和K月持有

期策略①：第一步，计算出 t_0 时刻所有基金 J 个月内的累积复权净值收益率 $\left(\frac{NV_{t_0}}{NV_{t_0-J}}-1\right)$。第二步，所有基金按照其在 t_0 时刻的累积收益率进行升序排序。第三步，所有基金按序等分成十组。由于并不是每个时刻的基金数都恰好能被等分，所以当基金数不能等分时，组距选择 1/10 的时点样本数。第四步，每个组依次命名为 P1、P2……P10。其中，P1 组合代表在 t_0 时刻前 J 个月内表现最差的组合(输者组合)；而 P10 组合代表在 t_0 时刻前 J 个月内表现最好的组合(赢者组合)。第五步，利用 $r_{t_0,K}=\left\{\prod_{i=1}^{K}\left[1+\frac{1}{N}\sum_{i=1}^{N}(r_i)\right]\right\}^{\frac{1}{K}}-1$ 计算 t_0 时刻 P1 组合至 P10 组合的等权重月平均收益率。其中，$r_{t_0,K}$ 代表 J 月/K 月策略在 t_0 时刻的月平均收益率；N 是 t_0 时刻该组合的基金数目；r_i 是该组合的基金 i 在后续 K 个月中的月收益率。先计算出每个组合在后续 K 个月中的月算数平均收益率，再对这 K 个月的平均收益率求几何平均数，得到每个组合在 t_0 时刻的月平均收益率。第六步，重复第一到第五步，计算出所有时刻每个组合的月平均收益。第七步，对每个组在所有时刻上的月平均收益求算术平均数，得到 P1 组合至 P10 组合的月平均收益。第八步，改变 J 和 K 的值并重复上述所有步骤，得到在其他策略下 P1 组合至 P10 组合的月平均收益。其中，J 取 1、3、6、9 和 12，K 取 3、6、9 和 12，一共 20 种策略。Jegadeesh 和 Titman(1993)的方法使用的是重叠持续期，缓解了我国基金业存在时间较短、非重叠持续期样本数较少的问题；使用的是等份额产生形成期和持有期组合的方法，并且没有考虑交易成本等因素，构造的是零成本的持有组合。

由于我国基金业的历史较短，本章选取从 2002 年 12 月至 2010 年 12 月间开放式股票型基金作为研究对象。基金业绩持续性的实证分析，采用的是国泰安(CSMAR)数据库提供的复权净值(%)、上证指数(%)和银行一年期固定存款利率(%)的月数据，以及净资产(亿元)的月度数据[净资产为月单位净值(元)和月份额(份)的乘积]，有效基金样本数是 224 只，共计 7011 个样本，数据不存在存续偏差(survivorship bias)，数据处理采用的是 SAS 9.1 软件。

J 月/K 月策略下的 P1 组合和 P10 组合的收益，见表 3-1(括号内的数值为 t 值)。由于存在不同的形成期和持有期，以及考虑分到每组的基金数大于 10 个(每组样本在特定时点不为空)，都使用从 2004 年 8 月开始的组合收益，而对于不同的持有期而选择不同的样本区间。$K=1$ 月时，使用 2004 年 8 月

① Jegadeesh and Titman, "Returns to Buying Winners and Selling Losers: Implication for Stock Market Efficiency", *Journal of Finance*, 48(1), pp. 65－91, 1993.

至2010年11月的样本区间，76个时点；$K=3$月时，使用2004年8月至2010年9月的样本区间，74个时点；$K=6$月时，使用2004年8月至2010年6月的样本区间，71个时点；$K=9$月时，使用2004年8月至2010年3月的样本区间，68个时点；$K=12$月时，使用2004年8月至2009年12月的样本区间，65个时点。

表3-1 相对强势策略的收益率 单位：%

J	$K=$	3	6	9	12
1	赢者组合	2.1571***	2.0612***	1.9989***	2.0369***
		(3.45)	(3.87)	(4.15)	(4.53)
1	输者组合	1.4077**	1.6180***	1.6850***	1.8269***
		(2.51)	(3.22)	(3.73)	(4.44)
1	赢者－输者	0.7493**	0.4432**	0.3139*	0.2100
		(2.75)	(2.18)	(1.88)	(1.49)
3	赢者组合	2.3876***	2.1732***	2.0385***	2.0379***
		(4.05)	(4.34)	(4.36)	(4.72)
3	输者组合	1.5783**	1.7876***	1.8461***	2.0026***
		(2.47)	(3.20)	(3.69)	(4.47)
3	赢者－输者	0.8093***	0.3855**	0.1924	0.0353
		(3.59)	(2.32)	(1.46)	(0.32)
6	赢者组合	2.1623***	2.0523***	1.9885***	2.0138***
		(3.80)	(4.19)	(4.25)	(4.55)
6	输者组合	1.7484***	1.9168***	1.8866***	1.9813***
		(2.65)	(3.29)	(3.54)	(4.13)
6	赢者－输者	0.4139**	0.1359	0.1019	0.0325
		(2.02)	(0.86)	(0.80)	(0.36)
9	赢者组合	2.2306***	2.1244***	2.1015***	2.1610***
		(3.84)	(4.23)	(4.36)	(4.77)
9	输者组合	1.8687***	1.9214***	1.8980***	2.0061***
		(2.86)	(3.26)	(3.54)	(4.16)
9	赢者－输者	0.3619**	0.2029	0.2035*	0.1549**
		(1.98)	(1.40)	(1.81)	(2.03)
12	赢者组合	2.2735***	2.1186***	2.0947***	2.1513***
		(3.90)	(4.11)	(4.29)	(4.72)
12	输者组合	1.8482***	1.9136***	1.8918***	1.9472***
		(2.82)	(3.25)	(3.49)	(4.00)
12	赢者－输者	0.4253**	0.2050	0.2029*	0.2040***
		(2.06)	(1.41)	(1.84)	(2.70)

注：括号内的数值为t值。***、**和*分别代表1%、5%和10%的显著性水平。

1月/3月、1月/6月、1月/9月和1月/12月策略的相对强势策略组合收益是0.7493%、0.4432%、0.3139%和0.2100%；3月/3月、3月/6月、3月/9月和3月/12月策略的相对强势策略组合收益是0.8093%、0.3855%、0.1924%和0.0353%；6月/3月、6月/6月、6月/9月和6月/12月策略的相对强势策略组合收益是0.4139%、0.1359%、0.1019%和0.0325%；9月/3月、9月/6月、9月/9月和9月/12月策略的相对强势策略组合收益是0.3619%、0.2029%、0.2035%和0.1549%；12月/3月、12月/6月、12月/9月和12月/12月策略的相对强势策略组合收益是0.4253%、0.2050%、0.2029%和0.2040%。所有相对强势策略均存在正收益。

在10%的显著水平下，20种策略组合中有1月/3月、1月/6月、1月/9月、3月/3月、3月/6月、6月/3月、9月/3月、9月/9月、9月/12月、12月/3月、12月/9月和12月/12月的相对强势策略在统计上是显著的，即相对强势策略的收益率都是显著地不等于0的，共计12个。而1月/12月、3月/9月、3月/12月、6月/6月、6月/9月、6月/12月、9月/6月和12月/6月的相对强势策略在10%的显著水平下，统计上并不显著，P值分别是0.14、0.75、0.39、0.42、0.75、0.16和0.17。其中，3月/3月策略的收益是最大的，约为0.8093%。给定J($J=1$、3、6和12)不变而K增大时，相对强势策略的收益率在递减，这说明基金业绩的持续性是随时间递减的，随时间递减的平均幅度是−51.22%、−21.02和−41.23%。而给定K不变而J增大时，相对强势策略的收益率没有表现出一定的规律性，但滞后越长的信息对相对强势策略收益的提升并没有很大作用。

给定形成期$J=3$时，计算出P1组合至P10组合在3、6、9和12月后的月平均收益，得到图3-1。最初，赢者组合(P10)比输者组合(P1)高出了0.8093%。将这十个组合分为三组。其中，P1组合至P3组合为第一大组，P4组合至P7组合为第二大组，P8组合至P10组合为第三大组。对于第一大组，在接下来的3、6、9和12个月中，平均收益为1.5202%、1.6745%、1.7310%和1.8700%，按照10.15%、3.38%、8.03%的速度递增。对于第二大组，在接下来的3、6、9和12个月中，平均收益为1.8759%、1.8391%、1.8437%和1.9203%，按照−1.96%、2.50%和4.16%的速度先递减后递增，在一年的时间里体现为递增。对于第三大组，在接下来的3、6、9和12个月中，平均收益为2.3400%、2.1290%、1.9911%和1.9802%，按照−9.02%、−6.48%和−0.54%的速度递减。整体上来看，P1组合至P3组合，即在上一个形成期表现差的组合，在接下来的一年时间里业绩逐步好转；P4组合至P7组合，即在上一个形成期表现居中的组合，在接下来的一年时间里业绩先变差后好转；而P8组合至P10组合，即在上一个形成期表现好的组合，在接下来的一年时间里业绩逐步变差。此外，随着时间的推移，各个组合的收益都趋于2%左右的收益率。所以，采用相对强势策略并不是持有时间越长越好，因为业绩在一段时间后会出现反转。

对各个组合的收益随时间变化的情况进行单独考察时，发现P1在三个月后的收益并不是整个组合中最小的，P10在三个月后的收益并不是整个组合中最大的。在$t=3$时，P1和P10组存在和邻近组合互换的情况。

总而言之，在一年左右的时间里我国基金业绩存在持续性，相对强势策略是有效的，基金业绩的持续性会随时间递减。这就解释了3月/3月策略的收益率是最大的原因。本节已经证明，在一年内基金业绩具有持续性，从而否定了有效弱式有效市场的存在，说明我国基金市场并不是有效市场。

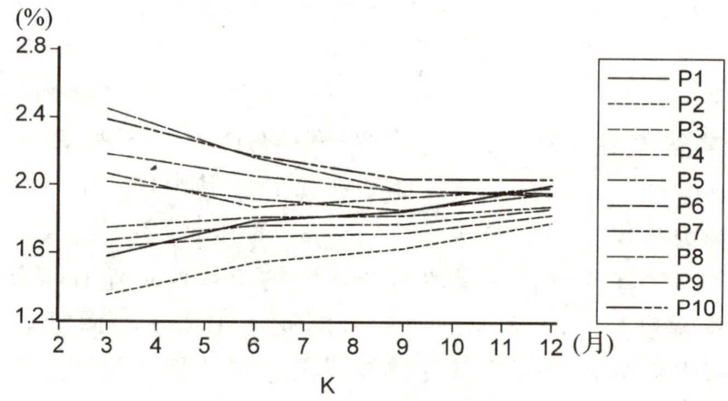

图3-1 $J=3$时P1组合至P10组合持有一年的月平均收益率

二、相对强势策略各组合收益分析

在接下来的各节中，将以3月/3月策略为例对相对强势策略进行实证检验，样本区间是2004年8月至2010年9月，共计74个时点。3月/3月策略的赢者、输者和赢者—输者组合的月收益率，见图3-2和图3-3。图3-2中，3月/3月策略的赢者组合(P10)和输者组合(P1)收益率的趋势几乎一致。图3-3中，相对强势策略的收益率在绝大部分时间里是大于0的，其中横线代表零收益。3月/3月策略的赢者(P10)—输者(P1)组合的收益率围绕着均值0.8093%波动。

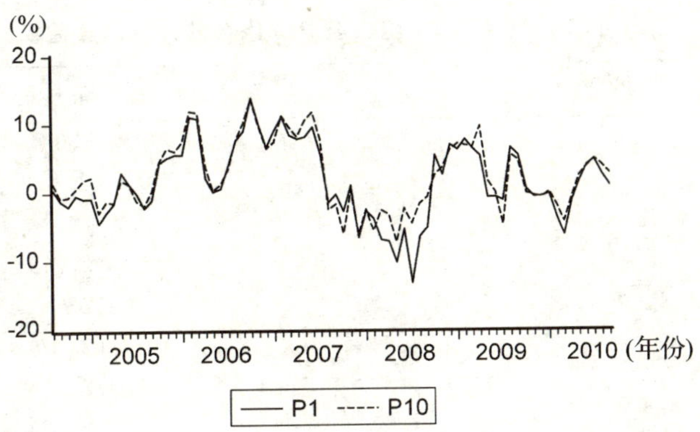

图 3-2　在 3 月/3 月策略下 P1 组合和 P10 组合的月收益率

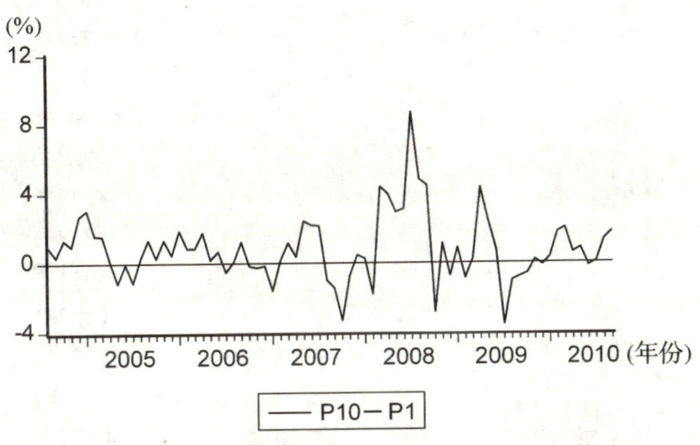

图 3-3　在 3 月/3 月策略下 P10－P1 组合的月收益率

表 3-2 为 3 月/3 月策略的 P1 组合至 P10 组合的月平均收益率。在 10％的显著水平下，P1 组合至 P10 组合以及相对强势策略(P10－P1 组合)的平均收益率都是显著的。P1 组合和 P10 组合的月平均收益率分别为 1.5783％和 2.3876％，P10 组合收益率比 P1 组合高 0.8093％，在 1％的显著水平下是显著的。也就是说，相对强势策略是有效的。P10 组合收益是所有组合中最大的，而 P1 组合收益并不是组合收益中最小的。当对这十个组的平均收益率进行 F 检验时，发现并不能拒绝“P1 组合至 P10 组合的收益率是一致”的原假设。

表 3-2 在 3 月/3 月策略下 P1 组合至 P10 组合的月平均收益率 单位：%

组合	3 月/3 月策略月平均收益率
P1	1.5783**
	(2.48)
P2	1.3499**
	(2.27)
P3	1.6323***
	(2.77)
P4	1.6722***
	(2.88)
P5	1.7481***
	(3.07)
P6	2.0176***
	(3.58)
P7	2.0659***
	(3.74)
P8	2.1824***
	(3.84)
P9	2.4501***
	(4.25)
P10	2.3876***
	(4.08)
P10－P1	0.8093***
	(3.64)
F 检验	0.7408
P 值	0.6862

注：括号内的数值为 *t* 值。***、** 和 * 分别代表 1%、5%和 10%的显著性水平。

赵瑾璐等(2008)通过对股市熊市和牛市期间的基金业绩和股市相关性进行研究，发现我国开放式基金的业绩会受股票市场的影响。所以，将进一步考虑相对强势策略和股市的相关性。由于 2005 年年底至 2007 年 10 月我国股市持续上涨；而 2007 年 10 月至 2008 年年底，股市持续下跌。根据这段时间内股市持续上涨或者下跌，定义 2006 年 11 月至 2007 年 10 月为牛市，而 2007 年 11 月至 2008 年 10 月为熊市。3 月/3 月策略下 P1 组合至 P10 组合在牛市和熊市的收益率，见表 3-3。在牛市中，各组合的收益率较大，相对强势策略的收益为 0.054%，但是该策略的 *t* 值为 0.11，*P* 值为 0.92，在统计上并不显著。而在熊市中，虽然各组合的收益率均为负值，但组间差异较大、相对强势策略依然有效，赢者组合和输者组合的收益率差为2.3%，在统计上显著，且远大于牛市时的0.0540%。在熊市中，相对强势策略能创造出更高的超额收益。所以，相对强势策略在熊市中比牛市中的作用更加凸显，在熊市中更应好好利用相对强势策略。同时，对牛市和熊市中各组均值是否相等进行 *F* 检验，发现熊市中各组组间差异的显著性比牛市更大。

表 3-3 在牛市和熊市中的3月/3月策略下P1组合至P10组合的收益率

单位：%

组合	3月/3月策略 2006年11月至2007年10月 牛市月平均收益	3月/3月策略 2007年11月至2008年10月 熊市月平均收益
P1	5.8706***	−5.1967***
	(4.28)	(−3.71)
P2	4.4413***	−4.9691***
	(3.82)	(−3.86)
P3	5.1839***	−4.6755***
	(4.05)	(−4.13)
P4	5.4422***	−4.0641***
	(3.99)	(−3.29)
P5	5.5239***	−3.9132***
	(4.33)	(−3.87)
P6	5.9896***	−3.4006***
	(4.20)	(−3.51)
P7	5.8359***	−3.4941***
	(3.85)	(−4.30)
P8	6.1096***	−2.8710***
	(3.82)	(−4.07)
P9	6.3493***	−2.6539***
	(3.78)	(−3.87)
P10	5.9246***	−2.8948***
	(3.44)	(−3.56)
P10−P1	0.0540	2.3019**
	(0.11)	(2.42)
F 检验	1.6182	3.9327
P 值	0.1092	0.0001

注：括号内的数值为 *t* 值。***、**和*分别代表1%、5%和10%的显著性水平。

三、相对强势策略超额收益来源分析

在上一节中，已经分析了整个样本期间的3月/3月策略下P1组合至P10组合的月平均收益率以及在牛市和熊市中各组合收益率。在本节中，将从单因素模型、*beta*和净资产规模、序列相关性以及对信息的反应程度等方面进行分析。

(一)单因素模型

使用单因素模型分析3月/3月相对强势策略超额收益的来源：

$$\begin{aligned}&r_{it}=\mu_i+b_if_t+e_{it},\\&E(f_t)=0,\\&E(e_{it})=0,\\&\mathrm{Cov}(e_{it},\ f_t)=0,\qquad\forall i\\&\mathrm{Cov}(e_{it},\ e_{jt-1})=0,\qquad\forall i\neq j\end{aligned}\tag{3-1}$$

r_{it}是3月/3月相对强势策略收益，f_t是非条件非预期的因素回报，b_i是因素的敏感系数，e_{it}是该组合的特定回报，μ_i是该组合的非条件预期收益。

将(3-1)式变形后得到：

$$E\{(r_{it}-\bar{r}_t)(r_{it-1}-\bar{r}_{t-1})\}=\sigma_\mu^2+\sigma_b^2\mathrm{Cov}(f_t,\ f_{t-1})+\overline{\mathrm{Cov}}_i(e_{it},\ e_{it-1})\tag{3-2}$$

其中，σ_μ^2和σ_b^2分别是预期收益的交叉方差和因素弹性。超额收益可能来源于(3-2)式的三个部分，第一、二项代表系统性风险，第三项代表非系统性风险。虽然因素模型和CAPM模型的假设不同，但考虑一个因素时，单因素模型和CAPM模型是等同的。现利用CAPM模型进行检验：

$$(r_i-r_f)=\alpha_i+\beta_i(r_m-r_f)+u_i\tag{3-3}$$

其中，r_i是各资产组合的月平均收益，r_f是银行一年期固定存款利率，r_m是上证指数与各资产组合具有相同持有期的月收益率，u_i是随机项。

当CAPM模型成立时，α在统计上不能拒绝原假设(H0：系数为0)；β反映系统风险的大小，而且系统风险是超额利润的重要来源。回归出每组CAPM模型的β和α，见表3-4。由于存在正的α且显著地不等于0，所以CAPM模型在基金市场并不成立，每个组合的业绩都是优于大势的。β的平均值为0.7040，小于1，说明基金分散化投资的风险较小。赢者组合(P10)和输者组合(P1)的α值的差约为0.6644%，β值的差为−0.0720。这表明赢者组合的超额收益来源于(3-2)式的第一项。但是赢者组合(P10)的平均净资产规模比输者组合(P1)的小，规模差额为−8.8亿元。这与美国市场不同。表明基金业绩持续性有可能是受到公司规模等横截面因素的影响，需要进一步研究规模是否会对基金业绩持续性的结论产生影响。

当基金资产组合中含有大量股票时，(3-2)式可以变化为：

$$\mathrm{Cov}(\bar{r}_t,\ \bar{r}_{t-1})=\bar{b}_i^2\mathrm{Cov}(f_t,\ f_{t-1}) \tag{3-4}$$

计算得到 $\mathrm{Cov}(\bar{r}_t,\ \bar{r}_{t-1})=1.6758>0$，而$\bar{b}_i^2>0$，故 $\mathrm{Cov}(f_t,\ f_{t-1})>0$。计算得到 $\mathrm{Cov}(f_t,\ f_{t-1})=34.6873$，即说明(3-2)式的第二项是相对强势策略超额收益的来源，这证实了时间序列的相关性(系统风险的一部分)是超额收益的来源之一。

表 3-4　在 3 月/3 月策略下 P1 组合至 P10 组合 β、α 和 *TNA* 值

单位：亿元

组合	*Beta*	α	*TNA*
P1	0.7814***	0.5290***	51.7
	(0.01)	(0.01)	
P2	0.7166***	0.3693***	55
	(0.01)	(0.08)	
P3	0.7093***	0.6595***	53.4
	(0.01)	(0.01)	
P4	0.7070***	0.7018***	50.7
	(0.01)	(0.01)	
P5	0.6891***	0.7966***	52.4
	(0.01)	(0.01)	
P6	0.6874***	1.0679***	51.3
	(0.01)	(0.01)	
P7	0.6729***	1.1315***	51.9
	(0.01)	(0.01)	
P8	0.6796***	1.2410***	49.7
	(0.01)	(0.01)	
P9	0.6933***	1.4941***	48.6
	(0.01)	(0.01)	
P10	0.7056***	1.4187***	42.9
	(0.01)	(0.01)	
P10－P1	－0.0720**	0.6644***	
	0.0281	0.0032	

注：括号内的数值为 t 值。***、**和*分别代表 1%、5%和 10%的显著性水平。

(二)相对强势策略超额收益时滞分析

检验时滞对赢者组合收益率的影响。由于在这段时间里，我国股市禁止卖空，先考虑赢者组合。假设：

$$r_{P10t,3} = \alpha_i + \theta(r_{mt,-3})^2 + \mu_{it} \quad (3\text{-}5)$$

其中，$r_{P10t,3}$是在 t 时刻 3 月/3 月策略的赢者组合收益率，$r_{mt,-3}$是 t 时刻上证指数前 3 个月的月平均收益率。当 $\theta>0$，说明基金业绩对信息的反应不足。

得到：

$$\hat{r}_{P10t,3} = 2.1858 + 0.0044\ (r_{mt,-3})^2 \quad (3\text{-}6)$$
$$(0.0059)(0.3536)$$

$\theta=0.0044>0$，表明基金业绩对信息的反应不足是相对强势策略超额利润的第二个来源。(3-6)式中，括号内的数值为标准误。

再考虑 P10 组合(赢者组合)与当期及滞后两个月的市场收益率的具体关系。依此去除 P 值最大的变量，直到所有系数显著(显著水平为 10%)，得到方程：

$$\hat{r}_{P10t,3} = 2.0476 + 0.1205 r_{mt,-1} + 0.1344 r_{mt,-2} \quad (3\text{-}7)$$
$$(0.5571)(0.0556) \qquad (0.0551)$$

其中，$r_{mt,-1}$和 $r_{mt,-2}$分别代表滞后一个月和滞后两个月的市场收益率。当系数大于 0，说明基金业绩对信息的反应不足；当系数小于 0，说明基金业绩对信息的反应过度。由于 $r_{mt,-1}$和 $r_{mt,-2}$均大于 0，且 t 值分别为 2.17 和 2.44，故滞后效应是我国基金业绩持续性的来源。故(3-7)式表明了 P10 组合的收益与两个月前和三个月前的市场收益率存在正相关。基金业绩对于市场信息的反应不足，且随着时间的推移 t 时刻的信息在两个月左右的时间里逐步反应在基金净值。(3-7)式中，括号内的数值为标准误。在图 3-4 中，在 2008 年 1 月至 2009 年 12 月赢者组合的实际值和用(3-7)式得到的预测值具有大致相同的趋势。

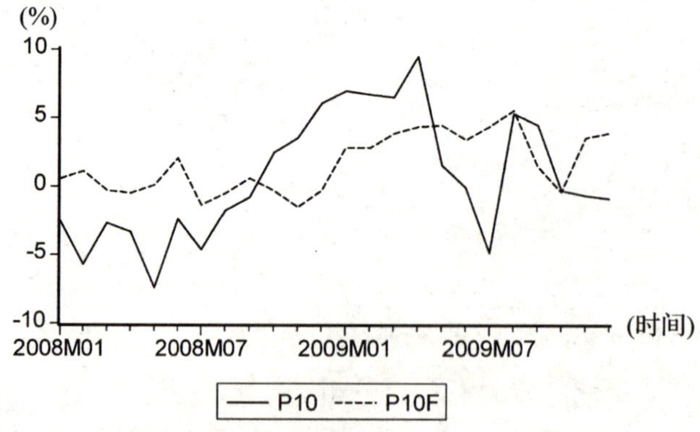

图 3-4 2008 年 1 月至 2009 年 12 月赢者组合的实际值和(3-7)式得到的预测值

四、相对强势策略超额收益子样本分析

在上一节中，进行了相对强势策略超额收益来源分析，认为时间序列相关性、基金规模及对信息的滞后反应是其来源。在本节中，将进一步对相对强势策略按照 *beta* 和净资产规模等分为三组，对子样本进行稳健性检验，并研究季节效应。由于 *beta* 和净资产规模都与风险及预期收益有关，所以对子样本进行分组稳健性检验有利于减少受 *beta* 和净资产规模的影响。

考虑到按照 *beta* 和净资产规模分为三组的需要，每个时点的基金数应在 30 个以上，故使用 2006 年 10 月至 2010 年 9 月为子样本期，时间观测点共 48 个。其中，净资产规模(亿元)的月度数据为单位净值(元)和份额(份)的乘积。由于国泰安(CSMAR)数据库份额数据为季度数据，故各月使用的是同一个季度的季末份额。beta 为按照 CAPM 模型 $E(r_{it})=r_{ft}+\alpha_i+\beta_i[E(r_{mt})-r_f]+e_{it}$，在整个样本期(2002 年 12 月至 2010 年 11 月)基金收益率对同期股票市场上证指数收益率回归的系数，所以 *beta* 表明的是整个样本期中基金收益率对上证指数收益率的敏感性。*S*1、*S*2 和 *S*3 代表净资产规模逐步递增，*beta*1、*beta*2 和 *beta*3 代表 *beta* 值也逐步递增。

按照净资产规模和 *beta* 分组的各组合收益，见表 3-5。相对强势策略的子样本期的超额收益是 0.8082%。按照净资产规模等分为三组后，相对强势策略依然有效，其超额收益分别是 0.7667%、0.9489%和 0.7295%，在 5%的显著水平下都是显著的。小规模基金比大规模基金的相对强势策略更有效。按照 *beta* 等分为三组后，相对强势策略依然有效，其超额收益分别是 0.7502%、1.0146%和 0.7193%，在 10%的显著水平下是显著的。总的来看，输者组合无论是整个样本还是按 *beta* 或者净资产分组，绝大多数收益都在统计上不显著。在考虑了净资产规模和 *beta* 后，相对强势策略并没有受横截面差异的影响，依然有效。基于这一点，也确认了相对强势策略的有效性不会受到基金规模的影响而变化，但是规模还是会对相对持续性的大小产生影响。

表 3-5　基于净资产规模和 *beta* 分组的各组合收益　　(%)

	$J=3/K=3$ 策略平均收益率						
	所有样本	*S*1	*S*2	*S*3	*Beta*1	*Beta*2	*Beta*3
P1	1.3462	1.4026	1.2877	1.3727	1.4214*	1.3539	1.2132
	(1.54)	(1.62)	(1.42)	(1.53)	(1.84)	(1.54)	(1.23)
P2	0.8459	0.7461	0.6506	0.9677	0.7576	0.6164	0.9859

续表

	J=3/K=3 策略平均收益率						
	所有样本	*S*1	*S*2	*S*3	*Beta*1	*Beta*2	*Beta*3
	(1.09)	(0.92)	(0.82)	(1.21)	(1.13)	(0.83)	(1.07)
P3	1.2396	1.3382*	1.0746	1.2598	0.9659	1.1803	1.4479
	(1.60)	(1.80)	(1.38)	(1.56)	(1.51)	(1.56)	(1.61)
P4	1.4630*	1.6148**	1.3309*	1.4368*	1.3992**	1.2498*	1.7054*
	(1.91)	(2.27)	(1.73)	(1.75)	(2.12)	(1.71)	(1.88)
P5	1.5402*	1.6379**	1.3460**	1.6726**	1.3640**	1.6594**	1.5608*
	(2.00)	(2.11)	(1.74)	(2.05)	(2.10)	(2.11)	(1.71)
P6	1.8111**	1.7189**	1.5941**	2.0614***	1.5661**	1.6091**	2.2071**
	(2.43)	(2.16)	(2.07)	(2.70)	(2.25)	(2.15)	(2.57)
P7	1.7520**	2.0245**	1.6039**	1.6623**	1.6398**	1.7355**	1.8690**
	(2.33)	(2.62)	(2.21)	(2.10)	(2.56)	(2.28)	(2.22)
P8	1.9626**	2.2043***	1.9295**	1.8384**	1.5070**	2.0363***	2.1215**
	(2.59)	(2.77)	(2.52)	(2.41)	(2.52)	(2.66)	(2.44)
P9	2.2544***	2.3834***	2.2229***	2.2092***	2.2219***	2.4786***	2.0467**
	(2.91)	(3.00)	(2.91)	(2.75)	(3.24)	(3.22)	(2.34)
P10	2.1545***	2.1693**	2.2367***	2.1022***	2.1716***	2.3685***	1.9325**
	(2.74)	(2.52)	(2.94)	(2.65)	(3.21)	(3.00)	(2.18)
P10－P1	0.8082**	0.7667**	0.9489**	0.7295**	0.7502*	1.0146***	0.7193**
	(2.47)	(2.14)	(2.33)	(1.82)	(1.66)	(2.77)	(2.27)
F 检验	0.3123	0.3847	0.4108	0.2495	0.4616	0.5357	0.2026
P 值	0.9709	0.9425	0.9294	0.9867	0.9001	0.8487	0.9938

注：括号内的数值为 *t* 值。***、** 和 * 分别代表 1%、5%和 10%的显著性水平。

在前文中已经证实了时间序列相关性的存在，现对相对强势策略(P10－P1 组合)进行季节分析，见图 3-5 和表 3-6。在整个样本期(2006 年 10 月至 2010 年 9 月，共计 4 年，48 个时间观测点)，相对强势策略在 1 月、2 月、10 月和 12 月的收益率为负数，分别是－0.0374%、－0.1969%、－1.7239%和－0.1420%；而在 3 月、4 月、5 月、6 月、7 月、8 月、9 月和 11 月的相对强势策略收益率均为正值，分别是 1.9411%、2.2987%、2.1508%、1.4626%、1.8336%、1.0369%、1.0021%和 0.0733%。最大值为 4 月份的 2.2987%，最小值为 10 月份的－1.7239%。从整个样本来看，只有 3 月、5 月和 10 月的收益在 10%的显著水平下是显著的，其他月份并不显著，我国不存在“一月效应”。这与奉立城(2003)关于股票市场的“一月效应”检验结果相同，即不存在显著的“一月效应”。其中，10 月份收益为负值，是由于我国一般在10月份将会有重大政策会议的召开，而在此时市场观望情绪较重，投资者较为审慎，表现为收益率为负数，即存在“十月效应”。但是，3月、5月和10月的收益会受到规模效应的影响。如“十月效应”仅在规模居中的组合中存在，而在规模小和大的组合中并不显著，这有可能是受到样本数太少的影响，这是需要进一步研究的。对所有组合的均值是否相等进行 F 检验，发现在11%的显著性水平下是有差异的。在图3-5中，Por _ ret为子样本期月收益率，$S1$、$S2$ 和 $S3$ 代表随净资产规模递增的子样本期收益率。

综上所述，相对强势策略的收益率呈现一定的季节效应，会受到规模效应的影响。

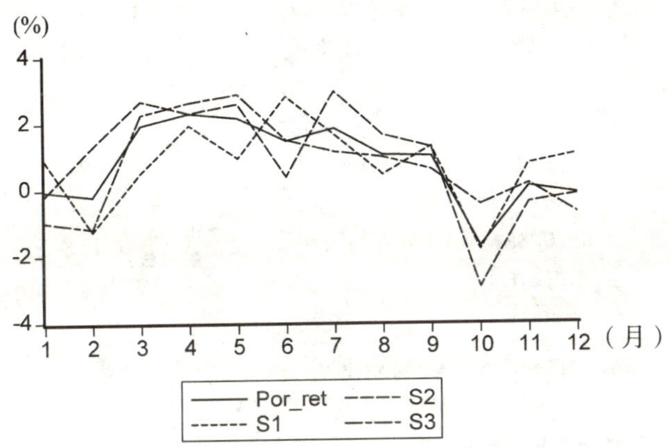

图3-5 基于净资产规模的相对强势策略月收益率

表3-6 基于净资产规模的相对强势策略月收益率 (%)

	$J=3/K=3$ 策略平均收益率			
	所有样本	$S1$	$S2$	$S3$
1月	−0.0374	0.8943	−0.1619	−0.9681
	(−0.07)	(1.96)	(−0.15)	(−1.27)
2月	−0.1969	−1.2483	1.3005*	−1.1708
	(−0.26)	(−1.03)	(3.01)	(−0.86)
3月	1.9411*	0.5263	2.6717**	2.2593
	(2.19)	(0.51)	(4.85)	(1.79)
4月	2.2987	1.9386*	2.3047**	2.6238
	(2.16)	(2.50)	(2.87)	(1.37)
5月	2.1508**	0.9452	2.5807**	2.8659*
	(4.74)	(0.65)	(2.82)	(2.31)
6月	1.4626	2.7944	0.3846**	1.4838**

续表

	J=3/K=3 策略平均收益率			
	所有样本	S1	S2	S3
	(2.00)	(1.65)	(0.38)	(3.36)
7月	1.8336	1.6436	2.9539	1.1317
	(0.71)	(0.79)	(0.96)	(0.43)
8月	1.0369	0.4464	1.6369	0.9700
	(0.76)	(0.67)	(0.84)	(0.67)
9月	1.0021	1.2929	1.2609	0.5913
	(0.75)	(0.75)	(1.07)	(0.41)
10月	−1.7239*	−1.8286	−2.9648*	−0.4670
	(−2.19)	(−1.51)	(−2.59)	(−0.46)
11月	0.0733	0.7552	−0.4042	0.1575
	(0.19)	(1.14)	(−1.00)	(0.17)
12月	−0.1420	1.0403	−0.1757	−0.7237
	(−0.58)	(1.80)	(−0.47)	(−1.21)
F 检验	0.1046	−0.1460	0.0138	−0.2444
P 值	0.3062	0.4261	0.1078	0.4379

注：括号内的数值为 t 值。***、**和*分别代表1%、5%和10%的显著性水平。

五、结论与投资政策建议

本章采用 Jegadeesh 和 Titman(1993)的方法构造 J 月形成期和 K 月持有期策略，对基金业绩持续性进行实证分析。研究发现，在一年左右的时间里我国开放式股票型基金业绩存在持续性，相对强势策略是有效的。相对强势策略可以作为持有期在一年以内的基金投资策略，动量势能在中国也可以作为资产定价的一个因素。在共计 20 种 J/K 策略中（$J=1$、3、6、9 和 12，$K=3$、6、9 和 12），1月/3月、1月/6月、1月/9月、3月/3月、3月/6月、6月/3月、9月/3月、9月/9月、9月/12月、12月/3月、12月/9月和12月/12月的相对强势策略在统计上是显著的。3月/3月相对强势策略的收益率是最大的。在上一个形成期表现差的组合，在接下来的一年时间里业绩逐步好转；在上一个形成期表现居中的组合，在接下来的一年时间里业绩先变差后好转；在上一个形成期表现好的组合，在接下来的一年时间里业绩逐步变差。采用相对强势策略并不是持有时间越长越好，因为业绩在一段时间后会出现反转。

熊市中，虽然各组合的收益率均为负值，但相对强势策略依然有效，赢者组合和输者组合的收益率远大于在牛市时。在熊市中，相对强势策略能创造出更高的超额收益。所以，相对强势策略在熊市中比牛市中的作用更加凸显。在考虑了净资产规模和 *beta* 后，相对强势策略并没有受横截面差异的影响，依然有效。相对强势策略收益存在季节效应，其中有“十月效应”等存在，但是会受到规模的影响，这有可能是受到样本数太少的影响。

基金业绩持续性的超额收益可能来源于时间序列相关性和对市场信息的反应不足并存在两个月左右的时滞，即来源于系统风险。动量势能是作为检验弱式有效市场的重要指标。中国基金市场是存在动量势能的，所以中国基金市场并不是弱式有效市场。

投资建议如下：投资者对每一种策略的特点应当有所了解。如果投资期限是在一年左右，那么投资者就应当选择相对强势策略。因为相对强势策略较反转策略提供了超额收益。同时，投资者在构造基金定价模型时，可以考虑加入一年期左右的动量势能变量来增加模型的解释力和预测力。由于基金业绩持续性会随时间递减，不建议投资者的持有期限太长。投资期限在一年以内的或者持有期限在一年内的投资者，建议使用 3 月/3 月的相对强势策略。如果是持有期限在一年以上的投资者，须谨慎选择相对强势策略和反转策略。

政策建议如下：第一，建议加强资本市场的信息披露机制，引导媒体发挥监督作用，减少虚假信息对资本市场的扰乱作用。第二，完善基金制度建设，加大基金经理的业绩导向和规范力度，使机构投资者行为趋于理性。第三，加大政府在资本市场的公信力建设，政府不应在市场能发挥作用的地方任意干预，做好“裁判员”的角色。

在本章分析中，存在以下的不足：采用 Jegadeesh 和 Titman(1993)的方法，等份额产生形成期和持有期组合，构造的是零成本的持有组合，没有考虑交易成本等因素。由于国泰安(CSMAR)数据库份额数据为季度数据，无法获取月数据，故本章各月份额数据使用的是同一个季度的季末份额。此外，由于我国基金业存在的时间不长，数据的时间长度较短，所以对子样本进行季节效应分析时，样本数不多。

对于基金业绩持续性产生的原因还得进行深入分析。本书将在后续章节中，从行为金融学角度出发进行进一步的研究分析。

第四章　四因素模型实证分析及其运用

在第三章中，发现中国基金在一年左右的时间里存在业绩持续性，相对强势策略是有效的。在资产定价的理论研究中，Fama 和 French(1993)在因素模型基础上，通过实证发现了规模风险溢价变量和账面与市场价值比风险溢价变量，提出了三因素模型。Carhart(1997)在综合了 Fama 和 French(1993)的三因素模型和 Jegadeesh 和 Titman(1993)的一年期的动量势能变量后得到资产定价四因素模型，发现股票市场的一般因素和投资费用几乎可以完全解释股票基金业绩持续性，并否定了基金经理的选股能力。张昱(2007)通过对 2003 年和 2004 年开放式基金业绩的研究，发现三因素模型的解释力大于单因素模型。袁皓(2007)通过对 2001 年至 2006 年所有封闭基金建立包含动量势能的四因素模型，发现绝大多数 *SMB* 和 *HML* 的系数并不显著。由于四因素模型在中国并不是很有效，本章尝试对四因素模型进行拓展，将通过加入运营指标和公司治理指标来加以完善，并对基金经理的选股能力进行分析。

“封闭式基金折价之谜”是指在基金的交易过程中，交易价格低于净资产价值(NAV)，这与传统理论的等价值交换是不同的。从我国封闭式基金发展历程来看，基金经历了早期溢价、折价和折价趋于 0 的过程。管理绩效理论认为，封闭式基金折价在一定程度上反映了基金管理能力，而四因素模型回归得到的超额收益 α 可以作为管理绩效的重要指标，这也可以作为四因素模型在“封闭基金折价之谜”的一个重要运用。

本章首先对四因素模型在国内开放式股票型基金的适用性进行研究，并进行稳健性检验，再进一步对资产定价模型进行完善。然后，利用四因素模型回归得到的超额收益 α，通过建立固定效应面板数据模型来解释“封闭式基金折价之谜”。最后，对本章进行总结并提出建议。本章数据处理使用的是 SAS 9.1 软件，数据来源于国泰安(CSMAR)数据库和 Resset(锐思)数据库。

一、四因素模型概述

单因素模型和 CAPM 模型是一致的，CAPM 模型如下：

$$r_{it} = \alpha_i + \beta RMRF_t + e_{it} \tag{4-1}$$

多因素模型是通过宏观因素来解释系统风险，三因素模型则另辟蹊径，通过采用公司特征变量来表示其暴露的系统风险。也就是说，采用在过去的代表公司特征的经济变量来解释未来的期望收益。三因素模型如下：

$$r_{it}=\alpha_i+\beta_{iM}RMRF_t+\beta_{iSMB}SMB_t+\beta_{iHML}HML_t+e_{it} \quad (4\text{-}2)$$

其中，r_{it}为基金的超额收益率，*RMRF* 为与基金收益率同期的市场超额收益率；*SMB* 为股票市场上小价值组和大价值组两组的收益差；*HML* 为高低账面与市场价值比两组的收益差。变量 *SMB* 和 *HML* 的构造方法如下：首先，将所有股票按照价值大小等分为两个组，大价值组(B)和小价值组(S)，将小价值组和大价值组在每个时点的组合收益率作差，得到 *SMB*。其次，按照账面与市场价值比降序排序，前30%和后30%分别被称为高账面与市场价值比组(H)和低账面与市场价值比组(L)，将高账面与市场价值比组和低账面与市场价值比组的每个时点组合收益率作差，得到 *HML*。

考虑到市场具有业绩持续性时，动量势能变量将对超额收益有很大的解释力。根据 Jegadeesh 和 Titman(1993)，业绩持续性变量构造方法如下：根据过去 11 月的基金算数平均收益率降序排序，前30%和后30%分别被定义为赢者组合和输者组合，将赢者组合和输者组合的每个时点的组合收益率作差，得到持续性变量 *PR1YR*。当三因素模型加入动量势能变量后就成了四因素模型。其中，*SMB*、*HML* 和 *PR1YR* 是对规模、账面价值与市场价值以及一年动量势能变量的等权重、零交易成本和因素复制组合。

$$r_{it}=\alpha_i+\beta_{iM}RMRF_t+\beta_{iSMB}SMB_t+\beta_{iHML}HML_t+\beta_{iPR1YR}PR1YR_t+e_{it} \quad (4\text{-}3)$$

本章使用的 Fama-French 模型的三因素数据是 Resset(锐思)数据库提供的上交所的总市值加权的月三因素数据。而动量势能变量在本章中按照基金的持有期进行期限调整，并且赢者组合和输者组合的分组间距为 1/3 的时点样本数，使用同期所有的开放式股票型基金的月收益数据计算出 *PR1YR* 等，具体的方法在本章使用时将进一步说明。

表 4-1　2003 年 1 月至 2010 年 9 月的四因素模型月变量描述性统计表　(单位:%)

因素	月平均收益	标准差	*t* 值(相对于零)	*P* 值(相对于零)	相关系数			
					RMRF	*SMB*	*HML*	*PR6MN*
RMRF	1.1857	9.2240	1.24	0.22	1			
SMB	0.5949	5.2823	1.09	0.28	−0.0615	1		
HML	0.4689	3.0310	1.49	0.14	0.2486	−0.1601	1	
PR6MN	0.3307	0.6899	4.62	0.00	−0.0829	0.0323	0.0189	1

注：*PR6MN* 为 3 月/3 月策略下相对强势策略的月平均收益率。

2003 年 1 月至 2010 年 9 月的四因素模型月变量描述性统计表，见表 4-1。*RMRF*、*SMB* 和 *HML* 均选用月平均收益率，*PR6YN* 为 3 月/3 月策略下相对强势策略的月平均收益率。*RMRF*、*SMB*、*HML* 和 *PR*6*YN* 的月平均收益分别是 1.1857%、0.5949%、0.4689%和 0.3307%，相对于 0 的 *P* 值分别是 0.22、0.28、0.14 和 0.00。可以发现 *RMRF*、*SMB*、*HML* 的标准差较大，*RMRF*、*SMB*、*HML* 和 *PR*6*YN* 的相关系数较小，这四个变量可以解释的基金业绩的时间序列方差。*SMB*、*HML* 和 *PR*6*YN* 的高收益可以解释组合收益中横截面变化，从而揭示基于这三个因素的回报关系。另外，由于 *RMRF*、*SMB*、*HML* 和 *PR*6*YN* 的相关系数很低，远低于 Carhart(1997)中对美国市场的四因素模型相关系数，表明多重共线性并不会对四因素模型造成重大影响。

二、相对强势策略和四因素模型

在本节中，将对 3 月/3 月的相对强势策略进行四因素模型回归。研究发现，四因素模型的解释力大于单因素模型，持续性变量是基金定价中的重要变量，四因素模型在我国基金定价模型中有重要作用。

(一)四因素面板数据回归模型

2003 年 1 月至 2010 年 9 月的四因素描述性统计见表 4-1。其中，*PR*6*MN* 为 3 月/3 月策略下的相对强势策略的月平均收益率(按照 1/3 的时点样本数定义赢者和输者组合的时点组合样本容量)。

运用四因素模型，对 2003 年 1 月至 2010 年 9 月的开放式基金建立四因素的一阶固定效应的面板回归模型，得到(4-4)式。

$$r_{it}=0.4784+0.6345RMRF_t-0.0010SMB_t-0.1053HML_t+0.2591\,PR6MN_t+\upsilon_i \tag{4-4}$$

(1.5816) (0.0056) (0.0111) (0.0176) (0.0697)

其中，$\upsilon_i=\delta_2 Z_{2t}+\delta_3 Z_{3t}+\cdots+\delta_{225} Z_{225t}$，$Z_{it}=\begin{cases}1，\text{如果是第 } i \text{ 个基金}\\0，\text{其他}\end{cases}$。

从(4-4)式中，发现超额收益 α、*RMRF*、*SMB*、*HML* 和 *PR*6*MN* 的系数分别是 0.4784、0.6345、－0.0010、－0.1053 和 0.2591，*P* 值分别是 0.7623、0、0.9254、0 和 0.0002。其中，在 10%的显著水平下，超额收益 α 和 *SMB* 的系数并不显著。基金的超额收益与 *RMRF* 和 *PR*6*MN* 呈正向关系，与 *SMB* 和 *HML* 呈反向关系。R^2 为 0.6857，Hausman 检验的 *F* 值为 0.96，*P* 值为 0.6347。

去掉模型中的常数项得到，模型(4-5)式。

$$r_{it}=0.6345RMRF_t-0.0010SMB_t-0.1053HML_t+0.2591PR6MN_t+\upsilon_i \quad (4\text{-}5)$$
$$(0.0056)\qquad(0.0111)\qquad(0.0176)\qquad(0.0697)$$

其中，R^2 为 0.6952，Hausman 检验的 F 值为 1.84，P 值为 0，即存在固定效应，建立一阶固定效应的面板回归模型是合适的。

从整体上看，四因素的一阶固定效应的面板回归模型表明了基金超额收益会受到 *RMRF* 和 *PR6MN* 的正效应，受到 *HML* 的负效应，但是与 *SMB* 的关系并不明显。

（二）3 月/3 月策略下各组合四因素模型

本小节使用 2004 年 8 月至 2010 年 9 月的 3 月/3 月策略各组合超额收益率进行四因素模型回归。2004 年 8 月至 2010 年 9 月四因素的描述性统计，见表 4-2。这与样本区间为 2003 年 1 月至 2010 年 9 月的情况基本相同。

表 4-2　2004 年 8 月至 2010 年 9 月的四因素模型月变量描述性统计表　（单位：%）

因素	月平均收益	标准差	t 值（相对于零）	P 值（相对于零）	相关系数			
					RMRF	*SMB*	*HML*	*PR6MN*
RMRF	0.9768	9.2369	1.02	0.31	1			
SMB	1.0523	3.5083	2.59	0.01	−0.0618	1		
HML	0.0650	1.6336	0.34	0.73	0.2481	−0.1601	1	
PR6MN	0.3303	0.7267	4.15	0.00	−0.0844	0.0323	0.0189	1

注：*PR6MN* 为 3 月/3 月策略下相对强势策略的月平均收益率。

3 月/3 月策略下的各组合，是按照 Jegadeesh 和 Titman(1993)的方法，构建的重叠持续期、等份额产生形成期和持有期、未考虑交易成本和零持有成本的组合。收益率是该组合在 3 个月持有期中的基金累计净值收益的月平均值。其中，P1 为输者组合，P10 为赢者组合。P1R1、P1R2 和 P1R3 是按照 P1 组合(输者组合)形成期收益率的升序排列等分为三组后的在持有期的月平均收益率。P10R1、P10R2 和 P10R3 是按照 P10 组合(赢者组合)形成期收益率的升序排列等分为三组后的在持有期的月平均收益率。也就是说，P1R1 和 P10R3 分别代表的是在持有期中最差和最好的 1/30 组合。

2004 年 8 月至 2010 年 9 月的 3 月/3 月策略各组合超额收益率的四因素模型的回归结果，见表 4-3。在 10%的显著水平，各组合的收益率(除 P1R1 组合外)都是显著的。P10、P1、P10R3 和 P1R1 的各组合收益率分别是 2.166%、1.357%、1.999%和 1.098%，相对强势策略(P10－P1 组合)收益率为 0.588%，P10R3－P1R1 的收益率为 0.429%，小于 P10－P1 组合的收益率。

表 4-3 2004 年 8 月至 2010 年 9 月的 3 月/3 月策略各组合四因素回归模型

组合	月超额收益	标准差	CAPM			四因素模型					
			Alpha	*RMRF*	调整 R^2	*Alpha*	*RMRF*	*SMB*	*HML*	*PA6MN*	调整 R^2
P1R1	1.098	6.008	0.095	0.771**	0.908	0.364	0.756***	−0.019	0.102	−0.523	0.906
			(0.27)	(0.04)		(0.41)	(0.04)	(0.09)	(0.17)	(0.42)	
P1R2	1.866**	5.998	0.194	0.791***	0.900	0.288	0.792***	0.117*	−0.055	−0.723*	0.915
			(0.26)	(0.03)		(0.33)	(0.04)	(0.07)	(0.15)	(0.37)	
P1R3	1.381**	5.810	0.091	0.820***	0.869	0.419	0.809***	0.087	−0.075	−1.139***	0.895
			(0.25)	(0.04)		(0.29)	(0.04)	(0.07)	(0.15)	(0.36)	
P1(输者组合)	1.357**	5.498	0.104	0.797***	0.917	0.273	0.791***	0.090*	−0.032	−0.722***	0.931
			(0.19)	(0.03)		(0.70)	(0.06)	(0.11)	(0.21)	(0.85)	
P2	1.129*	5.139	−0.020	0.730***	0.881	0.447*	0.713***	0.003	−0.084	−1.248**	0.913
			(0.21)	(0.03)		(0.23)	(0.03)	(0.05)	(0.12)	(0.29)	
P3	1.411**	5.091	0.274	0.723***	0.880	0.488*	0.724***	0.014	−0.202	−0.620*	0.893
			(0.21)	(0.03)		(0.25)	(0.03)	(0.06)	(0.14)	(0.32)	
P4	1.451**	5.010	0.316*	0.72***	0.905	0.339	0.727***	0.028	−0.114	−0.151	0.904
			(0.18)	(0.03)		(0.65)	(0.06)	(0.10)	(0.20)	(0.79)	
P5	1.527***	4.912	0.421**	0.703***	0.894	0.390	0.711***	0.021	−0.113	0.012	0.891
			(0.19)	(0.03)		(0.25)	(0.03)	(0.06)	(0.13)	(0.31)	
P6	4.912***	4.861	0.694***	0.701***	0.908	0.463*	0.721***	0.020	−0.159	0.538*	0.909
			(0.18)	(0.03)		(0.64)	(0.06)	(0.10)	(0.20)	(0.79)	
P7	1.845***	4.768	1.666***	0.125***	0.904	0.455***	0.707***	0.013	−0.110	0.777*	0.911
			(0.54)	(0.05)		(0.63)	(0.06)	(0.10)	(0.19)	(0.76)	
P8	1.961***	4.904	0.870***	0.694***	0.873	0.321	0.723***	0.041	−0.060	1.325***	0.902
			(0.21)	(0.03)		(0.23)	(0.03)	(0.05)	(0.13)	(0.29)	
P9	2.229***	4.983	1.116***	0.707***	0.879	0.507**	0.741***	0.032	−0.093	1.508***	0.916
			(0.21)	(0.03)		(0.22)	(0.03)	(0.05)	(0.12)	(0.28)	
P10(赢者组合)	2.166***	5.052	1.033***	0.721***	0.887	0.420*	0.757***	0.028	−0.145	1.529***	0.923
			(0.20)	(0.03)		(0.21)	(0.03)	(0.05)	(0.11)	(0.27)	
P10R1	2.225***	5.094	1.105***	0.640***	0.863	0.171	0.681***	0.096*	−0.036	1.834***	0.930
			(0.27)	(0.04)		(0.95)	(0.08)	(0.14)	(0.25)	(1.02)	
P10R2	2.253***	5.107	1.119***	0.721**	0.869	0.490**	0.757***	0.046	−0.115	1.518***	0.903
			(0.22)	(0.03)		(0.24)	(0.03)	(0.06)	(0.13)	(0.30)	
P10R3	1.999***	5.256	0.821***	0.749***	0.885	0.359	0.781***	−0.019	−0.199	1.269***	0.908
			(0.21)	(0.03)		(0.24)	(0.03)	(0.06)	(0.06)	(0.31)	
P10−P1	0.588***	1.900	0.703***	−0.073**	0.003	−0.075	−0.030*	−0.062*	−0.123*	2.240***	0.779
			(0.22)	(0.03)		(0.14)	(0.02)	(0.03)	(0.07)	(0.17)	
P10R3−P1R1	0.429***	1.222	0.459	−0.023	0.005	−0.258	0.021	−0.009	−0.291	1.650***	0.206
			(0.36)	(0.05)		(0.49)	(0.05)	(0.11)	(0.20)	(0.49)	
P2−P1	−0.450***	1.403	−0.404***	−0.032**	0.040	−0.049	−0.074***	−0.087*	−0.063	−0.537**	0.144
			(0.16)	(0.02)		(0.20)	(0.02)	(0.05)	(0.11)	(0.25)	

注：括号内的数值为标准误。***、** 和 * 分别代表 1%、5% 和 10% 的显著性水平。

在 CAPM 模型中，各组合的调整 R^2 的平均值为 0.893，表明 CAPM 模型具有较好的解释力。超额收益 α 的平均值为 0.647，β 的平均值为 0.662(小于 1)，表明基金的风险小于股票市场。相对强势策略(赢者组合－输者组合)的 β 为－0.073，表明系统风险并不是相对强势策略的来源。P10R3－P1R1 的 β 为－0.023，并不显著，调整 R^2 为 0.005。

在四因素模型中，各组合的调整 R^2 的平均值为 0.909，大于 CAPM 模型的调整 R^2 的平均值 0.893。四因素模型的超额收益 α 平均值为 0.410，小于 CAPM 模型的超额收益 α 平均值 0.647。这表明四因素模型比 *CAPM* 模型有更强的解释力。β_{RMRF} 的平均值为 0.732，系统风险仍小于股票市场。相对强势策略的 β_{RMRF} 为－0.030，这与 CAPM 模型的结论一致，认为系统风险并不是相对强势策略的来源。各组合的四因素回归模型的 *SMB* 和 *HML* 的绝大多数系数并不显著，各组合的 *SMB* 和 *HML* 系数的平均值为 0.029 和－0.111，$\beta_{SMB}>0$ 表明小盘股较大盘股对基金业绩更加有利，$\beta_{HML}<0$ 说明 B/E 小的股票对于业绩作用更大。持续性变量的回归系数的平均值是 0.295。P1 组合至 P4 组合的持续性变量回归系数为负数，平均值是－0.685；P5 组合至 P10 组合的持续性变量回归系数的平均值为 0.948。这些表明持续性变量对于输者组合等有负效应，而对于赢者组合等有正效应。在相对强势策略(P10－P1 组合)的四因素模型中，*RMRF*、*SMB*、*HML* 和 *PR6MN* 的系数都是显著的，分别是－0.030、0.062、－0.123 和 2.240。说明系统风险并不是相对强势策略的来源，小盘股较大盘股对基金业绩持续性更加有利，B/E 小的股票对于业绩持续性作用更大。调整 R^2 为 0.779，远大于 CAPM 的 0.003。而 P10R3－P1R1 的四因素模型，仅持续性变量显著。通过以上分析，发现持续性变量是基金定价中的重要变量，四因素模型在我国基金定价模型中有重要作用。

考虑对 P1(输者组合)和 P10(赢者组合)按照形成期的规模等分为三组，从 S1 到 S3，规模逐步递增。2004 年 8 月至 2010 年 9 月的 3 月/3 月策略 P1 组合和 P10 组合按规模三等分分组的四因素回归模型，见表 4-4。回归的结果在方向上与按照收益率升序排列的等分组的回归结果大致相同。

表 4-4　3 月/3 月策略 P1 组合和 P10 组合按规模三等分分组的四因素回归模型

	月		CAPM			四因素模型					
组合	超额收益	标准差	*Alpha*	*RMRF*	调整 R^2	*Alpha*	*RMRF*	*SMB*	*HML*	*PA6MN*	调整 R^2
P1S1	1.163	6.013	0.913	0.155**	0.070	0.339	0.754***	0.080	0.083	－0.737*	0.912
			(0.85)	(0.07)		(0.40)	(0.04)	(0.09)	(0.17)	(0.40)	
P1S2	1.955**	6.403	1.674*	0.129*	0.031	0.260	0.843***	0.150*	－0.151	－0.822*	0.903
			(0.84)	(0.08)		(0.38)	(0.04)	(0.08)	(0.17)	(0.42)	

续表

组合	月超额收益	标准差	CAPM Alpha	CAPM RMRF	CAPM 调整 R^2	四因素模型 Alpha	四因素模型 RMRF	四因素模型 SMB	四因素模型 HML	四因素模型 PA6MN	四因素模型 调整 R^2
P1S3	1.239*	5.475	1.037*	0.142**	0.054	0.326	0.766***	0.028	0.064	0.930***	0.907
			(0.63)	(0.06)		(0.25)	(0.03)	(0.06)	(0.14)	(0.32)	
P10S1	2.109**	5.855	0.811***	0.742***	0.878	0.178	0.767***	0.103	0.049	1.107*	0.894
			(0.29)	(0.04)		(0.37)	(0.04)	(0.08)	(0.17)	(0.41)	
P10S2	2.314***	5.025	1.198***	0.700***	0.858	0.543**	0.741***	0.008	−0.185	1.689***	0.904
			(0.23)	(0.03)		(0.24)	(0.03)	(0.06)	(0.13)	(0.30)	
P10S3	2.101***	5.090	0.977***	0.715***	0.859	0.342	0.758***	−0.002	−0.255*	1.672***	0.902
			(0.23)	(0.03)		(0.24)	(0.03)	(0.06)	(0.13)	(0.30)	
P10S3−P1S1	0.460	2.512	0.540	−0.062	0.012	−0.084	−0.019	−0.164**	−0.206	2.107***	0.605
			(0.37)	(0.05)		(0.35)	(0.03)	(0.08)	(0.15)	(0.36)	

注：括号内的数值为标准误。***、**和*分别代表1%、5%和10%的显著性水平。

三、相对强势策略和四因素拓展模型

考虑到 Carhart(1997)中的净资产规模和费率、业绩和存续时间的关系、国有变量以及 MacKay 等(2007)中的开放式和封闭式基金的关系，本节对四因素模型进一步拓展，并在其基础上对相对强势策略进一步研究。

本节使用的数据为 2003 年下半年至 2010 年上半年的季度数据，基金季度收益率和四因素选择的是季度累计收益率，净资产规模(元)、存续时间(年)、费用比率(%)、公司属性和同属于一家基金管理公司的封闭式基金数与总基金数的比率(%)采用的是季度末的时点变量。其中，存续时间为连续时间变量；公司属性为虚拟变量，当基金管理公司是中资时为 1，否则为 0。四因素模型的持续性变量为 1 年期的，使用 6 月/6 月策略、按照三等分时点样本数的原则构建，这与 Carhart(1997)的构建一年期(11 月/1 月策略)不同。

(一)四因素拓展模型

对 2003 年下半年至 2010 年上半年的季度收益率建立四因素的一阶面板回归模型，见(4-6)式，回归模型的调整 R^2 为 0.8375。

$$r_{it}=-3.3844+0.5744RMRF_t+0.2234SMB_t+0.4683HML_t-0.8180PR1YR_t+\upsilon_i \quad (4\text{-}6)$$

(8.2834) (0.0125) (0.0433) (0.0770) (0.2624)

其中，$\upsilon_i=\delta_2 Z_{2t}+\delta_3 Z_{3t}+\cdots+\delta_{175} Z_{175t}$，$Z_{it}=\begin{cases}1，如果是第\ i\ 个基金\\0，其他\end{cases}$。

考虑净资产规模、存续时间、费用比率、公司属性和同属于一家基金管理公司的封闭式基金数与总基金数的比率，对四因素模型(4-6)式进行拓展。

2003 年下半年至 2010 年上半年的四因素拓展变量的描述性统计见表 4-5。

表 4-5　2003 年下半年至 2010 年上半年的四因素拓展变量的描述性统计

变量	净资产总额(元)	存续时间(年)	管理费用比率(%)	交易费用比率(%)	公司属性	封闭基金数占总基金数比率(%)
平均值	6220000000	1.96	1.01	0.59	0.50	0.93
标准差	6680000000	1.48	0.60	0.66	0.50	0.10
偏度	1.87	1.06	1.51	2.18	0.01	−1.67
峰度	7.47	3.98	6.70	10.08	1.00	5.60
样本数	1013	1013	1013	1013	1013	1013
前 5%	247000000	0.19	0.28	0.00	0	1.00
中位数	3860000000	1.63	0.89	0.42	0	1.00
后 5%	20200000000	4.77	2.37	1.82	1.00	1.00

将净资产总额取对数后，将对数化的净资产总额(LNTNA)、存续时间(FUNDTIME)、管理费用比率(MGTF)、交易费用比率(EXC)、公司属性(CMOC)以及封闭基金数占总基金数比率(OT)加入四因素模型，回归后得到拓展模型(4-7)式。

$$r_{it} = 41.63 + 0.52RMRF_t + 0.43SMB_t + 0.48HML_t - 1.72PR1YR_t - 4.76LNTNA_t - 2.13FUNDTIME_t - 2.82MGTF_t - 2.50EXC_t + 5.9CMOC_t + 2.39OT_t + \upsilon_i \tag{4-7}$$

在 10%的显著水平下，除了公司属性以及封闭基金数占总基金数比率系数不显著外，其他的模型回归系数都显著。调整 R^2 为 0.8560，大于(4-6)式的 0.8375；Hausman 检验 F 值为 1.24，P 值为 0.02，即面板数据存在固定效应。剔除公司属性以及封闭基金数占总基金数比率变量后，得到(4-8)式。

$$r_{it} = 44.71 + 0.52RMRF_t + 0.43SMB_t + 0.49HML_t - 1.72PR1YR_t - 4.83LNTNA_t - 2.07FUNDTIME_t - 2.83MGTF_t - 2.49EXC_t + \upsilon_i \tag{4-8}$$

从(4-8)式的回归系数来看，与前文 3 月/3 月策略的回归结果不同。SMB 和 HML 的系数是正数，表明小盘股较大盘股对基金业绩更加有利、B/E 大的股票对于业绩作用更大。一年期的业绩持续性与业绩呈负相关，这是需要进一步研究的。(4-8)式的调整 R^2 为 0.8562，略大于(4-7)式的 0.8560；Hausman 检验 F 值为 1.26，P 值为 0.02，即存在固定效应。从整体上看，基金的超额收益率与对数化的净资产总额、存续时间、管理费用比率和交易费用比率呈负相关。总体上来说，对基金建立四因素拓展模型(4-8)是合理的，具有解释力的。对数化的净资产总额的系数是−4.83，表明当净资产规模上升时，基金的超额收益反而会下降，“小基金效应”明显。存续时间的系数是－2.07，表明基金超额收益和存续时间存在负相关，当基金的存续时间增加1年时，基金的超额收益下降2.07%。管理费用比率和交易费用比率的系数是－2.83和－2.49，说明无论是管理费用还是交易费用的增加，都将减少基金超额收益，相对来说管理费用的增加对超额收益的减少将更明显。

(二)基于6月/6月策略的四因素拓展模型回归结果

在本小节里，对6月/6月的相对强势策略建立四因素拓展模型。考虑6月/6月各组合其他平均变量特性能否进一步解释基金业绩持续性。2004年8月至2010年6月的6月/6月策略下各组合的四因素拓展变量的描述性统计，见表4-6。整个组合的平均净资产总额是5.12亿元，各组合的平均净资产总额差异较大，发现P1组合至P5组合的平均净资产总额大于P6组合至P10组合，P10(赢者组合)的净资产总额比P1(输者组合)小15.8亿元。整个组合的平均存续时间是1.56年，各组合的平均存续时间有差异，P10组合(赢者组合)的平均存续时间比P1组合(输者组合)长0.208年。从管理费用比率和交易费用比率的角度来说，P5组合和P6组合的费用比率较大，相对排序偏前和偏后的三个组合的费用比率偏小。P5组合的管理费用比率是P1组合、P10组合的15.5倍；P5组合的交易费用比率是P1组合、P10组合的39.3倍。但是，P10组合(赢者组合)和P1组合(输者组合)的管理费用比率和交易费用比率的差别都不大，分别为0.0046%和0.0005%。

表4-6 6月/6月策略下各组合的四因素回归拓展变量的描述性统计

组合	净资产总额(元)	存续时间(年)	管理费用比率(%)	交易费用比率(%)
P1(输者组合)	6030000000	0.87	0.16	0.06
P2	5840000000	1.43	0.16	0.06
P3	5660000000	1.72	0.17	0.06
P4	4680000000	1.91	0.17	0.07
P5	5470000000	1.83	2.48	2.36
P6	5050000000	1.86	1.72	1.63
P7	5060000000	1.80	0.67	0.60
P8	4560000000	1.67	0.17	0.07
P9	4440000000	1.45	0.17	0.07
P10(赢者组合)	4450000000	1.08	0.16	0.06
P10－P1	－1580000000	0.2080	0.0046	0.0005

加入对数化的净资产总额、存续时间、管理费用比率和交易费用比率后，6月/6月策略下各组合的四因素模型及其拓展模型的回归结果见表4-7。四因素拓展模型的平均R^2为0.946，略大于四因素模型的0.940。对于相对强势策略，四因素拓展模型也有更好的解释力。对数化的净资产总额、存续时间、管理费用比率和交易费用比率的回归系数在各组合中的符号方向并不相同。对于相对强势策略而言，对数化的净资产总额、存续时间、管理费用比率和交易费用比率的系数分别是－0.122、－0.220、0.503、－0.392，在10％的显著水平下只有FUNDTIME的系数显著。对数化的净资产总额的系数为负数，表明基金业绩持续性来源于基金的“小基金效应”；存续时间的系数为负数，说明基金业绩持续性和存续时间存在负相关；管理费用比率的系数为正数，说明基金管理费用对于基金业绩持续性有正效应，基金管理费用对基金产生了正激励效应；交易费用比率的系数为负数，表明高的交易费用并没有增加基金的业绩，反而让基金超额收益受损，所以也不建议频繁变更投资组合、过度换手。

由(4-8)式和表4-7，可以得出从整体上看，基金的管理费用和交易费用都将减少基金超额收益。但对于相对强势策略，基金管理费用对于基金业绩持续性有正效应，基金管理费用对基金产生了正激励效应；过度交易还是会减弱基金业绩持续性。

此外，6月/6月的相对强势策略的方差为1.7628％，经过四因素模型调整后的收益率方差下降到0.3500％，方差下降了80.15％，也就是说解释了原有方差的80.15％，说明四因素模型对于基金业绩持续性有很强的解释力。而经过四因素拓展模型调整后的收益率方差下降到0.4466％，解释了原有方差的74.66％，解释力略小于四因素模型。总体上来说，四因素模型只能解释基金业绩80％左右的方差，从而有理由相信基金业绩持续性还有其他来源，如基金的选股能力等，将在后续章节中进一步研究。

(三)基于6月/6月策略的基金业绩持续性的进一步分析

6月/6月策略在连续两期内的状态转移情况见图4-1。在相邻两期中，维持组合排序不变的频率为37.99％，P1组合至P10组合维持不变的频率分别是60.22％、39.90％、33.45％、33.33％、27.41％、28.20％、29.09％、29.72％、37.65％和60.90％。相对来说，两端的组合更容易出现保持排位不变的情况。在t期为P10组(赢者组合)时，在$t+1$期为P10组合和P1组合的频率分别是68.90％和0.16％。在t期为P1组合(输者组合)时，在$t+1$期为P10组合和P1组合的频率分别是0％和60.22％。制作图4-1使用的是Matlab 6.5软件。

表 4-7 6月/6月策略下各组合的四因素模型及其拓展模型的回归结果

组合	四因素模型						四因素拓展模型									
	Alpha	RMRF	SMB	HML	PR1YR	调整 R^2	Alpha	RMRF	SMB	HML	PR1YR	LNTNA	FUNDTIME	MGTF	EXC	调整 R^2
P1(输	0.634***	0.791***	0.002	0.123	−0.808***	0.969	−6.456*	0.792***	0.014	0.006	−0.478*	0.738*	−0.452**	3.542*	−3.078	0.972
者组合)	(0.13)	(0.02)	(0.05)	(0.09)	(0.26)		(3.64)	(0.02)	(0.06)	(0.06)	(0.06)	(0.06)	(0.06)	(1.89)	(3.06)	
P2	0.742***	0.753***	0.024*	−0.132	−1.208***	0.960	−2.032	0.688***	0.240***	−0.016	−1.044***	0.344	−0.405**	1.371	−6.928**	0.959
	(0.12)	(0.02)	(0.05)	(0.11)	(0.30)		(0.23)	(0.03)	(0.05)	(0.12)	(0.29)	(0.05)	(0.03)	(0.29)	(0.29)	
P3	0.790***	0.683***	−0.026	−0.114	−1.346***	0.950	11.248***	0.652***	−0.006	−0.221**	−1.373***	−0.944***	−0.745***	−2.377	4.985*	0.967
	(0.15)	(0.03)	(0.03)	(0.11)	(0.29)		(3.36)	(0.02)	(0.02)	(0.11)	(0.11)	(0.35)	(0.16)	(1.89)	(2.84)	
P4	0.650***	0.651***	0.037	−0.003	−0.642**	0.938	−3.282	0.632***	0.020	−0.139	−0.988***	0.555	−0.685***	2.717	−5.799*	0.950
	(0.65)	(0.06)	(0.10)	(0.20)	(0.79)		(0.65)	(0.06)	(0.10)	(0.20)	(0.79)	(0.10)	(0.06)	(0.79)	(0.79)	
P5	0.656***	0.647***	0.076	0.238*	0.081	0.921	7.215*	0.612***	0.124*	0.281*	0.240	−0.688*	0.019	0.167	−0.183	0.922
	(0.17)	(0.03)	(0.07)	(0.12)	(0.33)		(3.73)	(0.03)	(0.07)	(0.13)	(0.34)	(0.39)	(0.23)	(0.23)	(0.25)	
P6	0.724***	0.680***	−0.003	0.153	0.156	0.910	8.189**	0.667***	0.073	0.064	0.086	−0.684*	−0.533**	−0.074	0.069	0.917
	(0.19)	(0.03)	(0.07)	(0.14)	(0.37)		(3.68)	(0.03)	(0.08)	(0.14)	(0.37)	(0.38)	(0.20)	(0.24)	(0.24)	
P7	0.731***	0.689***	−0.035	0.211*	0.558*	0.920	0.898	0.660***	0.031	0.074	0.586*	−0.035	−0.272	4.984**	−4.497**	0.925
	(0.17)	(0.03)	(0.07)	(0.13)	(0.34)		(4.74)	(0.03)	(0.08)	(0.15)	(0.15)	(0.48)	(0.20)	(2.36)	(2.13)	
P8	0.490***	0.710***	0.022	0.111	1.332***	0.914	−5.499	0.654***	0.133	0.067	1.061***	0.682	0.060	1.001	−11.548***	0.923
	(0.18)	(0.03)	(0.07)	(0.13)	(0.35)		(4.75)	(0.04)	(0.09)	(0.13)	(0.37)	(0.50)	(0.25)	(2.85)	(3.86)	
P9	0.775***	0.717***	0.049	0.136	1.024***	0.954	1.795**	0.679***	0.076	0.053	1.076***	−0.168	0.004	5.317***	−4.400**	0.961
	(0.13)	(0.02)	(0.05)	(0.09)	(0.26)		(2.77)	(0.03)	(0.06)	(0.10)	(0.28)	(0.30)	(0.16)	(1.83)	(1.86)	
P10(赢	0.742***	0.753***	0.024	−0.132	1.255***	0.960	−5.910*	0.769***	0.034	−0.330***	1.540***	0.669***	−0.522**	6.415***	−2.636*	0.966
者组合)	(0.12)	(0.02)	(0.05)	(0.09)	(0.24)		(2.96)	(0.02)	(0.05)	(0.10)	(0.24)	(0.32)	(0.23)	(1.80)	(1.60)	
P10−P1	0.109	−0.038**	0.022	−0.254***	2.064***	0.789	1.264	−0.035**	0.025	−0.244***	2.018***	−0.122	−0.220**	0.503	−0.392	0.796
	(0.09)	(0.02)	(0.04)	(0.07)	(0.18)		(1.38)	(0.02)	(0.04)	(0.07)	(0.07)	(0.15)	(0.15)	(1.44)	(1.67)	

注：括号内的数值为标准误。***、**和*分别代表1%、5%和10%的显著性水平。

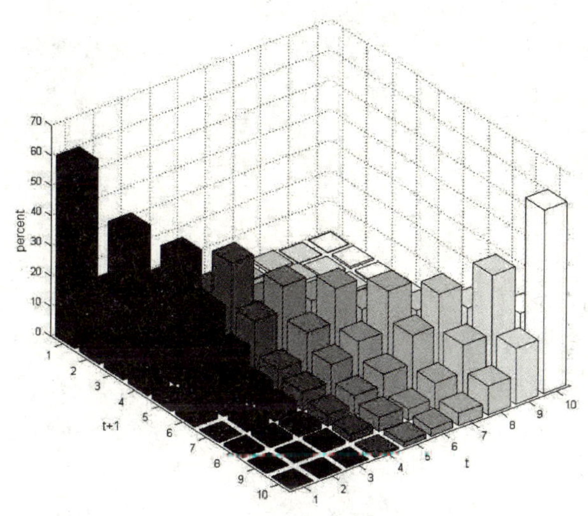

图 4-1　6 月/6 月策略在连续两期内的状态转移情况

形成期为 6 个月($J=6$)时，P1 组合至 P10 组合持有一年的月平均收益，见图 4-2。P1(输者组合)和 P10(赢者组合)在三个月后与邻近组合发生了排序位置的互换；在一年的时间里，P1 组合出现收益逐步递减，P10 组合出现收益逐步递增，P1 组合和 P10 组合的收益逐步趋近，按趋势将在一年以后的时间里将出现逆转。

总而言之，P1 组合和 P10 组合并不能保证其组合在后续时间保持排名不变，会与邻近组合发生排序变化。

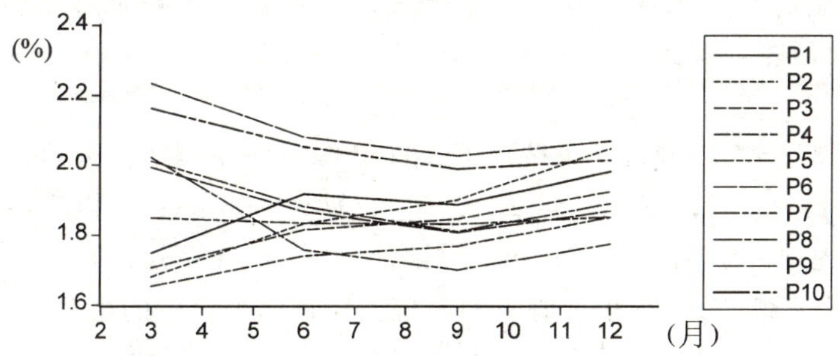

图 4-2　$J=6$ 时 P1 组合至 P10 组合持有一年的月平均收益

四、四因素模型的应用——管理绩效理论与“封闭式基金折价之谜”

我国关于“封闭式基金折价之谜”的研究，主要集中在如何利用传统理论和行为金融学理论解释“封闭式基金折价之谜”，而较少关注管理绩效理论、基金分红引发市场关注、基金市场投资情绪、所属基金管理公司封闭式总市值是否对封闭式基金折价存在影响。为此，本节采用 2005 年至 2009 年封闭式周基金数据，利用一元固定效应面板数据模型分析影响封闭式基金折价的因素，以此作为四因素模型的一个应用。

（一）数据分析

本章选取 2005 年 1 月 1 日至 2009 年 12 月 31 日期间存在的 60 只封闭式基金周数据，共计 10675 个样本，处理数据所用软件是 SAS 9.1 软件。周数据包括基金折价率（*dis*,%）、分红（*dividend*，元）、存续时间（*fundtime*，年）、基金经理更换次数（*turnover*，次）、交易量（*vol*，份）、份额（*shares*，份）、基金市场收益率（*mret*,%）、单位净值（*NAV*，元）和基金公司管理封闭式基金总市值（*tfundsize*，亿元），数据来源于国泰安（CSMAR）数据库。另外，三因素模型的因素日收益率数据来源于 Resset（锐思）数据库。

定义基金折价率 $dis_{it}=\left(\frac{P_{it}}{NAV_{it}}-1\right)*100\%$，其中 dis 为封闭式基金折价率，P 为交易价格，NAV 为净资产价值。分红（*div*）为虚拟变量，分红时为 1，否则为 0。存续时间（*fundtime*）是到 t 时刻封闭式基金存续时间，采用取整的离散数据。基金经理更换次数（*turnover*）是在 t 年时封闭式基金累计使用基金经理数。换手率为 $\text{exchange}_{it}=\frac{\text{vol}_{it}}{shares_{it}}$，其中 *exchange* 为换手率，*vol* 为交易量，*shares* 为基金份额。基金市场收益率（*mret*）是指市值加权平均的考虑现金再投资的基金市场收益率。基金公司管理封闭式基金总市值（*tfundsize*）是指在 t 时刻，该封闭式基金所属基金管理公司的所有封闭式基金市值的加总。

管理绩效变量（α）的计算是按照 Carhart（1997）四因素模型，见（4-9）式，

$$r_{it}=\alpha_i+\beta_{iM}R_{Mt}+\beta_{iSMB}SMB_t+\beta_{iHML}HML_t+\beta_{iPR1YR}PR1YR_t+e_{it} \quad (4\text{-}9)$$

具体方法如下：首先，将所有股票按照价值大小等分为两个组，大价值组（B）和小价值组（S），将小价值组和大价值组在每个时点的组合收益率作差，得到 *SMB*。其次，按照账面与市场价值比降序排序，前 30%和后 30%分别被称为高账面与市场价值比组（H）和低账面与市场价值比组（L），将高账面与市场价值比组和低账面与市场价值比组的每个时点组合收益率作差，得到 *HML*；然后，根据过去 11 月的基金算数平均收益率降序排序，前 30%和后 30%被定义为赢者组合和输者组合，将赢者组合和输者组合的每个时点的组合收益率作差，得到持续性变量 *PR1YR*。超额市场收益率是参考股票市场指

数收益率处理而来。Fama－French 模型的三因素数据是由 Resset(锐思)数据库提供的日总市值加权值，计算出算术周三因素数据。按照上述方法，再使用基金交易收益率计算出 $PR1YR$，这与 Carhart 使用的股票收益率是有所不同的。依次对每只封闭式基金建立四因素模型，计算出超额收益 α，即为管理绩效。①

剔除缺失的样本后，2005 年至 2009 年基金折价率和分红的平均值分别是 25.22％和 0.3449，表明我国封闭式基金存在较大幅度的折价；标准差分别是 13.42 和 0.37，表明我国封闭式基金折价率在此期间变化较大。期间分红 237 次，分红具有正偏斜，即均值大于中位数；同时，在绝大多数时候有厚尾现象，即极值的概率大于正态分布值。基金折价率均值从 2005 年的 30.18％，逐步减少到 2009 年的 20.41％，这与美国基金折价率的变化趋势一致。2005 年至 2009 年，年平均每次分红值变化较大。最高平均每次分红值为 2008 年的 0.73 元，最低的是 2005 年的 0.06 元。所有变量统计特性见表 4-8。

表 4-8　变量统计特性

	均值	中位数	最大值	最小值	标准差	偏度	峰度
折价率(％)	－25.2197	－24.2849	107.0349	－75.1546	13.4227	1.2440	12.2841
分红(元)	0.3449	0.2300	1.7100	0.0018	0.3696	1.7433	5.8259
分红亚变量	0.0214	0	1.0000	0	0.1446	6.6189	44.8104
存续时间(年)	6.7126	7.0000	11.0000	0	2.1947	－0.4014	3.3648
管理绩效(％)	－0.0016	－0.2356	31.6599	－24.5631	3.1638	0.7067	9.4039
换手率(％)	0.0526	0.0306	5.3799	0.0002	0.1441	19.0813	497.9340
基金市场回报率(％)	0.9287	0.8518	17.4233	－14.678	4.1896	0.3161	4.7696
更换基金经理次数(次)	4.3978	4.0000	10.0000	1.0000	1.7056	0.4043	3.0456
管理公司封闭式基金总市值(亿元)	61.7448	47.0900	557.5150	5.6800	46.3015	3.0009	20.9780

在图 4-3 中，发现价值加权折价率(*vprem*)绝大多数时小于算数折价率(*averprem*)，且差异随时间缩小。2005 年初价值加权和算数折价率分别为 33.38％和 28.71％。2005 至 2006 年的价值加权和算数折价率保持相对平稳，稳定在 35％和 30％左右的折价率，价值加权和算数折价率差异维持在 5％左

① 赵龙凯、彭传国：《封闭式基金折价与管理绩效的实证研究》，《金融研究》，2008 年第 4 期，第 102－121 页。

右。但是，自2007年后差异变得较小，在1%左右。价值加权和算数折价率的变化趋势都体现了折价率随时间递减的趋势。

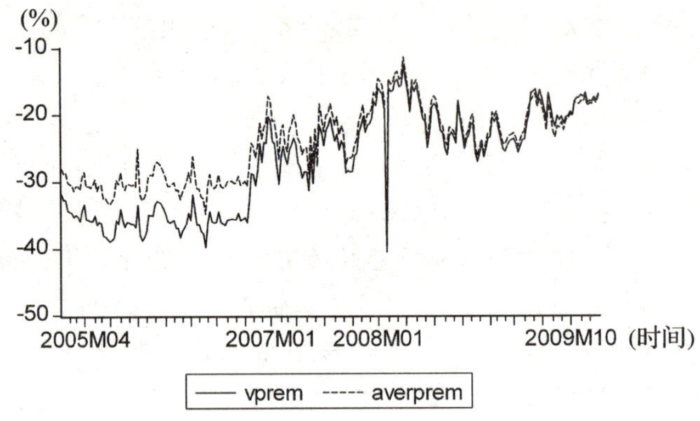

图 4.3 价值加权折价率和算数折价率

(二)影响封闭式基金折价因素的实证分析

为了考察分红虚拟变量(div)、存续时间($fundtime$)、管理绩效(α)、换手率($exchange$)、基金市场收益率($mret$)、基金经理更换次数($turnover$)、基金公司管理封闭式基金总市值($tfundsize$)对基金折价率(dis)的影响，建立面板数据模型。假设从个体和时间来看，面板数据回归的解释变量对于被解释变量的边际效应是相同的，但由于存在除解释变量以外的其他解释变量，在不同的时点上，截距项是不同的。此时不宜使用最小二乘法，故使用固定效应面板数据模型，回归结果见表4-9。(份额在该模型中并不显著，故剔除)。

$$dis_{it} = c + \beta_1 div_{it} + \beta_2 fundtime_{it} + \beta_3 \alpha_{it} + \beta_4 exchange_{it} + \beta_5 mret_{it} + \beta_6 turnover_{it} + \beta_7 tfundsize_{it} + \upsilon_i + \xi_{it} \quad (4\text{-}10)$$

其中，$\upsilon_i = \delta_2 Z_{2t} + \delta_3 Z_{3t} + \cdots + \delta_{60} Z_{60t}$，$Z_{it} = \begin{cases} 1，如果是第\ i\ 个基金 \\ 0，其他 \end{cases}$。

首先，在5%显著水平下分红虚拟变量、存续时间、管理绩效、换手率、基金市场收益率、基金经理更换次数、基金公司管理封闭式基金总市值的系数都显著。分红虚拟变量、存续时间、管理绩效、基金市场收益率、基金经理更换次数、基金公司管理封闭式基金总市值，对基金折价存在正效应；换手率对基金折价存在负效应。从单位影响效果上来说，分红、存续时间和换手率的效果较大；而管理绩效、基金市场收益率、基金经理更换次数、基金公司管理封闭式基金总市值，影响效果较小。整个模型的R^2为0.7771，具有较好的拟合度。Hausman检验值为563.92，P值为0，结果表明模型在1%显著水平下是具有固定效应的。

表 4-9 封闭式基金折价率的一阶固定效应模型

	c	div	$fundtime$	α	$exchange$	$mret$	$turnover$	$tfundsize$
系数	−57.50	3.23	4.5	0.24	−1.69	0.03	0.33	0.04
标准误	0.5003	0.4338	0.0821	0.0220	0.4433	0.0165	0.1253	0.0016
P 值	0.0000	0.0000	0.0000	0.0000	0.0001	0.0381	0.0077	0.0000
R^2	0.7771			Hausman 检验 F 值		563.92		

（三）理论分析

第一，管理绩效对封闭式基金折价率有正效应，即管理绩效越高时，折价将减小。当四因素模型的超额收益率每增加 1%时，封闭式基金折价率减少 0.24%。这与预期一致。根据管理绩效理论，封闭式基金折价在一定程度上反映了基金管理能力。封闭式基金的管理能力较强，将减少基金的管理成本和代理成本，最终将带来更好的收益，封闭式基金的价格也将体现出这一点，表现为更加接近资产净值，因此，基金折价也就越小。相反，当封闭式基金的管理能力较差时，将需要更多的人力物力的耗费和更多的精力监督管理层，这样会降低收益，反映在基金净值上来说，就是折价率上升。

第二，分红对封闭式基金折价率有正效应，即当分红时，封闭式基金折价率减少 3.23%。封闭式基金具有一定的锁定期、规模固定，投资者只能够在二级市场上变现。分红是投资封闭式基金获取回报的重要途径，让投资者落袋为安。首先，根据群落效应理论，投资者会根据自身的税收和红利偏好选择基金。当基金有高分红时，会受到特定的投资者追捧该基金。其次，通过分红也减少了公司自由现金流，让管理层不能随意决策和挥霍，可以减少代理成本。再次，根据信号理论，分红也具有强烈的信号效应，意味着投资业绩是可以持续的，增强投资者信心。最后，根据行为金融学有限理性的假设和信息收集成本的存在，分红会引发媒体关注，降低投资者信息搜集的成本。所以，可以将分红作为一种“营销策略”。基金投资者会先选择基金公司，再选择单个引发其关注的基金，缩小交易价格和资产净值的差距。总的来说，分红将减少基金折价。

第三，存续时间对封闭式基金折价率有正效应。随着存续时间推移，基金的折价率将减小。当存续时间每增加一年，封闭式基金折价率降低 4.50%。从国外单个基金发展历程来看，都经过了溢价、折价最后趋于 0 的过程。在这一点上，与预期一致。折价率之所以会减小，这与封闭式基金的标的资产具有无风险套利特性有关。当基金离到期日还有较长时间时，一般存在深度折价。随时间推移，折价率在逐步减少。当基金即将到期时，如果净值和交易价格存在差异，此时就会有大量资金进行无套利，使二者趋于一致，故折价逐步消失。同时，在熊市时，由于可以通过与标的资产进行无套利获利，故交易价格趋于资产净值，折价率将减少。

第四，换手率和封闭式基金市场收益率是市场情绪的重要指标。换手率对封闭式基金折价率有负效应，而封闭式基金市场回报对封闭式基金折价率有正效应。封闭式基金市场回报越高，折价将减小，但作用比较小，当封闭式基金市场收益率上升 1%时，封闭式基金折价率减少 0.03%。当整个市场回报上升时，投资者会倾向于乐观，推动单个基金的销售，让封闭式基金二级市场交易价格趋于净资产价格，减少折价率。相反，当换手率越高，折价率则越大。当换手率每上升 1%时，封闭式基金折价率将增加 1.69%。这是因为换手率与基金市场指数回报不同，基金市场收益率增加带来的是资产净值的增加。可是，当换手率越高时，当期投机成分也就越多，具有风险规避本性的投资者将要求更高的风险补偿，不愿意接受更高的二级市场交易价格。当二级市场交易价格下降后，折价率也会相应地增加。

第五，更换基金经理对封闭式基金折价率有正效应，即更换新的基金经理后将减少折价，但作用比较小。首先，新的基金经理任职后，将给具有“喜新厌旧”心理投资者一个信号，基金的业绩和投资风格将会有所调整，这就会吸引一部分的投资者加入二级市场交易，二级市场价格上升、折价率减少。但是，投资管理层的波动终究对业绩具有较大的不确定性，所以呈现出较弱的正相关。

第六，基金公司管理封闭式基金总市值对封闭式基金折价率有正效应。当基金公司管理封闭式基金总市值每增加 1 亿元时，封闭式基金折价率将减少 0.04%。我国基金实行的是契约制模式，存在基金管理层、基金投资者和基金管理公司的“双重代理矛盾”。封闭式基金与开放式基金不同，在封闭期内没有赎回的压力。面对开放式基金巨大赎回压力，基金管理公司可能会以封闭式基金为成本。通过开放式基金的优先交易，让封闭式基金为其提供流动性；通过更好的基金公司内部资源配置，让开放式基金获得更好的资源，从而提高开放式基金的表现。当该基金公司管理的封闭式基金总市值越多时，表明该封闭式基金受开放式基金的影响会相对较小，所以投资者也会对此给予正向的回应，基金折价率也会减少。

五、结论与建议

我国的 *RMRF*、*SMB*、*HML* 和 *PR6YN* 四因素，具有相关系数较小、

标准差较大的特点，可以解释的基金业绩的时间序列方差。对单个基金建立一阶面板数据的四因素模型时，发现基金收益会受到 *RMRF* 和 *PR6MN* 的正效应，受到 *HML* 的负效应，但是与 *SMB* 的关系并不明显。当对3月/3月策略下各组合收益建立四因素模型后，发现四因素模型比 CAPM 模型有更强的解释力，系统风险并不是相对强势策略的来源，小盘股较大盘股对基金业绩持续性更加有利，*B/E* 小的股票对于业绩持续性作用更大。可以肯定的是，持续性变量是基金定价中的重要变量，四因素模型在我国基金定价模型中有重要作用。将对数化的净资产总额、存续时间、管理费用比率和交易费用比率加入四因素模型后，发现拓展模型在解释力上略大于原四因素模型。当净资产规模上升时，基金的超额收益反而会下降，“小基金效应”明显。基金超额收益和存续时间存在负相关。无论是管理费用还是交易费用的增加，从整体上来说都将减少基金的超额收益。基金业绩持续性来源于基金的“小基金效应”；业绩持续性和存续时间存在负相关；基金管理费用对于基金业绩持续性有正效应，基金管理费用对基金产生了正激励效应；高的交易费用并没有增加基金的业绩，反而让基金收益受损。所以也不建议频繁变更投资组合、过度换手。

从整体上看，基金的管理费用和交易费用都将减少基金的超额收益。但对于相对强势策略，基金管理费用对于基金业绩持续性有正效应，基金管理费用对基金产生了正激励效应；过度交易还是会减弱业绩持续性。同时，P1组合和 P10 组合并不能保证其组合在后续时间保持排名不变，会与邻近组合发生排序变化。总体上来说，四因素模型对于基金业绩持续性有很强的解释力，但是四因素模型及其拓展模型只能解释基金业绩80%左右的方差，从而有理由相信基金业绩持续性还有其他来源，如基金的选股能力等，将在后续章节中进一步研究。

利用固定效应面板数据模型，通过对理绩效理论、基金分红引发市场关注、基金市场投资情绪、所属基金管理公司封闭式总市值等来分析影响折价的因素。价值加权折价率和算数折价率的变化趋势都体现了折价率随时间递减的趋势。利用四因素模型计算出超额收益，作为管理绩效指标。在5%显著水平下分红虚拟变量、存续时间、管理绩效、换手率、基金市场收益率、基金经理更换次数、基金公司管理封闭式基金总市值的系数都显著。分红虚拟变量、存续时间、管理绩效、基金市场收益率、基金经理更换次数、基金公司管理封闭式基金总市值，对基金折价存在正效应；换手率对基金折价存在负效应。

管理绩效对封闭式基金折价率有正效应，即管理绩效越高时，折价将减小。根据管理绩效理论，封闭式基金折价在一定程度上反映了基金管理能力。封闭式基金的管理能力较强，将减少基金的管理成本和代理成本，最终将带来更好的收益，封闭式基金的价格也将体现出这一点，表现为更加接近资产净值，因此，基金折价也就越小。相反，当封闭式基金的管理能力较差时，将需要更多的人力物力的耗费和更多的精力监督管理层，这样会降低收益，反映在基金净值上来说，就是折价率上升。分红对封闭式基金折价率有正效应。分红传递业绩可持续的信号，降低投资者信息搜集的成本，会吸引特定资本增值和红利偏好的投资者，减少代理成本。有限理性投资者会选择引发其关注的分红基金，分红可以作为营销封闭式基金的一种策略。

第五章　分红与基金业绩持续性

2009 年，“南方基金门事件”成为媒体关注的焦点。南方基金自 2006 年设立发行南方稳健成长 2 号基金以来，经历过大牛市的资产规模大膨胀，有高额可分配收益，可是并没有按照有关规定和基金合同约定进行分红，被相关媒体定性为“铁公鸡”。同时，2010 年上半年 219 只基金在股市表现不佳的情况下分红 256 次，分红总额达到 766.47 亿元。从分红月份上看，基金分红主要集中在 1 月，共分红 138 次，分红金额 339.4 亿。2 月至 5 月的分红次数均不超过 50 次，分红金额不超过 200 亿元。

分红是一种回馈股东的行为，会增加现金流支出、减少资产规模。早在 2004 年 7 月 1 日，《证券投资基金运作管理办法》颁布实施。办法要求，当年收益弥补以前年度亏损后且当期投资未出现净亏损的基金，每年至少进行一次分红，每季度分红不得超过一次，分红后的单位净值不能低于面值。基金分红主要有现金分红和红利再投资两种方式。

从长期和短期两个角度入手，在长期(一年的时间里)，从影响基金分红的因素出发，确定影响基金异常分红的因素并分析。与前人所不同的是，对非平衡面板数据建立二元逻辑回归模型分析基金异常分红。在解释变量方面，尝试加入了基金治理变量(基金公司管理基金数、基金经理更换次数和国有变量)。从基金公司、基金经理和投资者的“双重代理矛盾”以及行为金融学的“有限关注”出发，分析基金异常分红的动因，提出异常分红是一种营销策略。在短期(十天的时间里)，建立四因素模型来对分红进行事件研究。从分红与前期业绩的关系、证券市场环境、事件窗异常收益、分红后的流动性压力以及长期业绩表现来评价基金分红的意义。

使用的三因素模型日数据，是根据所有 A 股市场的总市值和 P/B 值(B/E的倒数)得出。此外，由于本章中长期和短期的出发点及样本期不一，参考股利异常分红，并结合我国基金分红的实际情况(分布和中位数等)，定义在长期中股票型基金每年支付大于等于 0.2 元/份的红利是异常分红，短期中股票型基金每次支付大于等于 0.3 元/份的红利是异常分红。

一、长期的异常分红和基金业绩

在本节中，从长期(一年)影响基金分红的因素入手，确定影响基金异常分红的因素并分析。对非平衡面板数据建立二元逻辑回归模型，分析基金异常分红。从基金公司、基金经理和投资者的“双重代理矛盾”以及行为金融学的“有限关注”出发，分析基金异常分红的动因，提出异常分红是一种营销策略。

（一）描述性统计

选取的是从2004年1月1日至2009年12月31日的开放式股票型基金的红利（元）、规模（十亿元）、累计净值增长率（%）、存续时间（年）、单位资产净值（元）、总净资产（十亿元）、持股率（百分比）、份额（十亿份）、基金公司管理开放式基金数（个）、基金公司管理封闭式基金数（个）、基金经理更换次数（次）和第一大股东的年数据。数据来源于国泰安（CSMAR）数据库，共有732个有效数据。

参考股利异常分红，并结合我国基金分红的实际情况（分布和中位数等），定义每年支付红利大于等于0.2元的，为异常分红。异常分红共计160个，见表5-1。2004年和2005年不存在异常分红。2006年和2007年异常分红较多，分别为40%和54.73%。2008年和2009年相对较少，分别为14.84%和9.17%。

表5-1 异常分红情况

年份	2004	2005	2006	2007	2008	2009
异常分红样本（个）	0	0	30	81	27	22
总样本（个）	35	52	75	148	182	240
异常分红比率（%）	0%	0%	40.00%	54.73%	14.84%	9.17%

根据Dahlquist（2000）的定义，基金公司在特定时期内的现金流（cash-flow）为$flow_{i,t}=TNA_{i,t}-TNA_{i,t-1}\times\frac{NAV_{i,t}}{NAV_{i,t-1}}$，$TNA$为总净资产，$NAV$为单位资产净值。定义基金经理更换次数（*turnover*）为在特定某年里更换基金经理的次数；国有虚拟变量（*state*），当基金公司的第一大持股股东为国有企业时，*state*为1，否则为0。变量描述性统计，见表5-2。从表5-2中发现，我国年分红的均值为0.1819元，最大分红为2.83元，标准差是0.4080，波动性不大，但具有正偏斜和“厚尾现象”。

表 5-2　描述性统计

	样本数	均值	中位数	最大值	最小值	标准差	偏度	峰度
分红(元)	732	0.1819	0	2.83	0	0.4080	3.0930	13.1610
规模(十亿元)	732	6.6025	3.6915	48.7560	0.0533	7.5489	2.0399	7.8942
累计净值增长率(%)	732	18.0172	7.4763	288.8516	−88.8008	57.1273	0.3768	2.8368
存续时间(年)	732	2.9563	3	9	1	1.7461	0.8369	3.1412
现金流(十亿元)	732	0.5899	0.0000	40.8836	−43.5550	5.9479	2.0377	22.9929
持股率(%)	732	78.5987	81.3050	99.7400	2.1500	13.9435	−1.5749	7.5704
份额(十亿份)	732	6.1133	2.9348	43.3931	0.0335	7.5064	2.0266	7.4682
管理开放式基金数(个)	732	9.0068	9	25	0	4.6200	0.7012	3.5315
管理封闭式基金数(个)	732	1.2773	1	7	0	1.5765	1.1181	3.5346
更换基金经理次数(个)	732	0.4139	0	3	0	0.6550	1.4894	4.6229
国有变量	732	0.7486	1	1	0	0.4341	−1.1463	2.3140

(二)研究方案设计

首先，对2004年至2009年的年度基金规模数据按升序排列，再等分成两组。大规模的定义为大基金组，小规模的定义为小基金组。最后计算出每组的平均红利。同理，可以计算出累计净值增长率、存续时间、现金流、持股率、份额、管理开放式基金数、封闭式基金数和基金经理更换次数。此外，国有变量，按照其第一大股东是否是国有股东分为两组。所有变量的分组年平均分红见表5-3。

规模、累计净值增长率、持股率、份额和国有变量的第一组和第二组的年平均值的差为0.0641、0.1142、0.0654、0.0364和0.0122；存续时间、现金流、管理开放式基金数、管理封闭式基金数和基金经理更换次数的第一组和第二组的年平均值的差为−0.0848、−0.1241、−0.0273、−0.0306和−0.0161。

从总体上看，规模、累计净值增长率、存续时间、现金流、持股率、份额、管理开放式基金数、管理封闭式基金数、基金经理更换次数和国有变量，会对基金红利产生影响。其中，规模、累计净值增长率、持股率、份额和国有变量，会对红利产生负效应。而存续时间、现金流、管理开放式基金数、管理封闭式基金数和基金经理更换次数，会对红利产生正效应。也就是说，当基金规模越大、累计净值增长率越大、持股率越高、份额越多和基金公司的第一大持股股东为国有企业时，基金越不倾向于分红。当基金存续时间越长、现金流越大、基金公司管理开放式基金数越多、管理封闭式基金数越多和基金经理更换次数越频繁，基金越倾向于分红。所以，考虑使用以上变量来研究基金异常分红。

表 5-3 分组后的平均基金分红

年份		2004	2005	2006	2007	2008	2009	平均值
样本数(个)		35	52	75	148	182	240	
规模(十亿元)	小	0.0694	0.0148	0.3540	0.5595	0.1634	0.0485	0.2016
	大	0.0369	0.0121	0.1311	0.5610	0.0402	0.0440	0.1375
累计净值增长率(%)	小	0.0749	0.0088	0.2556	0.7847	0.1630	0.0713	0.2264
	大	0.0317	0.0179	0.2261	0.3358	0.0407	0.0212	0.1122
存续时间(年)	新	0.0226	0.0132	0.2043	0.3713	0.0925	0.0556	0.1266
	老	0.0811	0.0135	0.2768	0.7492	0.1112	0.0369	0.2114
现金流(十亿元)	小	0.0538	0.0114	0.2303	0.2678	0.0487	0.0310	0.1072
	大	0.0517	0.0152	0.2515	0.8527	0.1549	0.0615	0.2313
持股比率(%)	小	0.0611	0.0100	0.3590	0.5809	0.1463	0.0558	0.2022
	大	0.0447	0.0165	0.1262	0.5396	0.0573	0.0367	0.1368
份额(十亿元)	小	0.0700	0.0148	0.3257	0.4982	0.1679	0.0498	0.1877
	大	0.0363	0.0121	0.1587	0.6223	0.0357	0.0427	0.1513
管理开放式基金数(个)	少	0.0506	0.0110	0.2596	0.4818	0.0852	0.0455	0.1556
	多	0.0547	0.0156	0.2230	0.6387	0.1185	0.0470	0.1829
管理封闭式基金数(个)	少	0.0631	0.0156	0.3227	0.3913	0.0816	0.0481	0.1537
	多	0.0417	0.0112	0.1572	0.7292	0.1220	0.0444	0.1843
更换次数(次)	少	0.0353	0.0088	0.2447	0.5355	0.0887	0.0533	0.1611
	多	0.0691	0.0176	0.2375	0.5851	0.1150	0.0392	0.1772
国有变量	否	0.0706	0.0259	0.2211	0.6177	0.0920	0.0431	0.1784
	是	0.0474	0.0078	0.2479	0.5418	0.1051	0.0473	0.1662

在二元选择模型中，将异常分红定义为 1，来考察影响异常分红的因素。采用 Eviews 7.0 软件对 2005 年至 2009 年的开放式股票型基金的异常分红现象进行实证研究，分析影响基金异常分红的因素，建立模型如下：

$$div_{ti}=\beta_1 size_{ti}+\beta_2 return_{ti}+\beta_3 age_{ti}+\beta_4 cashflow_{ti}+\beta_5 stockpercent_{ti}+\beta_6 share_{ti}+\beta_7 openfund_{ti}+\beta_8 closedfund_{ti}+\beta_9 turnover_{ti}+\beta_{10} state_{ti}+\mu_{ti} \quad (5\text{-}1)$$

其中，div 为异常分红变量，当红利大于等于 0.2 元时，div 为 1，否则为 0；$size$ 为基金的年末资产规模；$return$ 是累计净值增长率；age 为在该年时基金存续时间；$cashflow$ 为按照 Dahlquist(2000)计算的基金在 t 年中的现金流；$stockpercent$ 为基金的年平均持股率；$share$ 为 t 年末基金份额；$openfund$ 为基金管理公司管理的开放式基金数；$closedfund$ 是基金管理公司管理的封闭式基金数；$turnover$ 为在 t 年里基金经理更换次数；$state$ 为国有变量，当基金的第一大持股股东是国有企业时是 1，否则为 0。

（三）开放式股票型基金异常分红实证分析

对 2005 年至 2009 年的开放式股票型基金的异常分红建立二元选择模型，使用准极大似然函数估计标准误，方程系数及标准误如下：

表 5-4　基金异常分红二元选择模型

	规模	累计净值增长率	存续时间	现金流	持股比率	份额	管理开放式基金数	管理封闭式基金数	更换次数	国有变量
2005～2009 年模型 1	0.0192***	−0.0078***	0.0142	0.1376***	−0.0128***	−0.2539***	−0.0245	0.1139*	0.1712	−0.2843
	(0.0416)	(0.0024)	(0.0558)	(0.0315)	(0.0033)	(0.0465)	(0.0227)	(0.0598)	(0.1553)	(0.2054)
2005～2009 年模型 2	0.1916***	−0.0078***		0.1382***	−0.0127***	−0.2534***	−0.0223	0.1135*	0.1801	−0.2804
	(0.0412)	(0.0023)		(0.0267)	(0.0033)	(0.0493)	(0.0227)	(0.0616)	(0.1453)	(0.2117)

注：括号内的数值为标准误。***、** 和 * 分别代表 1%、5%和 10%的显著性水平。

当按照公式(5-1)建立 2005 年至 2009 年的基金异常分红二元选择模型 1，基金规模、累计净值增长率、现金流、持股率、份额和管理封闭式基金数对异常分红作用显著。特别是，基金的存续时间作用并不明显，p 值为 0.8。虽然从表 5-2 中，可以知道老基金更加倾向于分红，但是存续时间并不对异常分红起决定性作用。因此，剔除存续时间变量后，建立 2005 年至 2009 基金异常分红二元选择模型 2。规模、累计净值增长率、现金流、持股率、份额和管理封闭式基金数的系数是 0.1916、−0.0078、0.1382、−0.0127、−0.2534 和 0.1135。在 10%显著水平下，规模、累计净值增长率、现金流、持股率、份额和管理封闭式基金数对异常分红作用显著。

从指标对异常分红影响的角度看，在模型 2 中可发现异常分红与规模、现金流、管理封闭式基金数成正比，与累计基金净值增长率、持股率、份额成反比。

表 5-5　异常分红对规模和现金流的影响

	异常分红	规模	累计净值增长率	现金流	持股比率	份额
规模	1.7209*** (0.4025)		0.0318*** (0.0023)	0.1972*** (0.0732)	0.0036* (0.0022)	0.8596*** (0.0353)
现金流	3.2026*** (0.5820)	0.4679*** (0.1583)	−0.0277*** (0.0039)		−0.0162*** (0.4025)	−0.2170* (0.1187)

注：括号内的数值为标准误。***、**和*分别代表 1%、5%和 10%的显著性水平。

建立异常分红等变量对规模和现金流的回归模型见表 5-5。发现异常分红对规模、现金流有正效应，异常分红并没有减少资产规模。累计基金净值增长率对规模有正效应，对现金流有负效应。这证实了我国基金市场存在“赎回异象”。

累计基金净值增长率和现金流存在负相关，证实了我国基金市场存在“反向选择”，绩优的基金存在更大的赎回压力。基金净值增长率代表基金投资收益的优劣，当基金投资收益越好时，基金有更多地资产进行分红，分红会减少基金的资产。但是，异常分红后反而会增加基金的规模和现金流，这说明基金异常分红除了回馈投资者、满足投资者特定的红利偏好外，还可以作为一种营销策略，缓解“赎回异象”。

由于有限理性和信息成本的存在，投资者会选择引发其关注的基金。基金异常分红可以作为一种强烈的信号，传递给投资者的信号是基金业绩优异、可持续和未来净值还会增长，引发媒体和投资者的关注。同时，媒体关注降低了投资者搜索信息的成本，吸引更多的投资者购买该基金。所以，原本异常分红是减少基金资产规模、增加现金流出的行为，反而增加了资产规模、现金流入。同时，根据“群落效应”理论，基金公司不会任意改变基金分红，异常分红还会吸引特定分红偏好的投资者。

累计净值增长率、异常分红与资产规模呈正相关，二者都具有增加资产规模的作用。而累计净值增长率和异常分红呈负相关，也反映出在投资回报较差时使用“异常分红”营销策略可以作为引起投资者关注的信号来增加资产规模，实现基金经理管理资产和基金公司管理费最大化的目标。持股率对异常分红有负影响。当基金资产配置中持股率越高时，基金越不倾向于异常分红。这与中国股市里股票价格的波动有关。我国股票价格的波动性较大，股票型基金的价值也随之波动较大，降低了异常分红的可能。基金份额对异常分红有负影响。当基金份额增加时，基金的管理成本、运作成本上升。当异常分红将作为一种销售策略时，基金销售情况良好、份额在增加时，“异常分红”策略使用的可能也就越低。

从基金治理对异常分红影响的角度，中国基金实行的是契约制模式，存在基金管理层、基金投资者和基金管理公司的双重代理矛盾。着重从基金公司管理封闭式和开放式基金数、基金经理更换次数和国有变量角度出发，考察基金治理对异常分红的影响。

从模型 2 中，发现管理封闭式基金数对异常分红有正效应。相对于开放式基金，封闭式基金在封闭期内没有赎回的压力，同基金公司的开放式基金面对巨大的赎回压力，会以封闭式基金为成本。通过开放式基金的优先交易，让封闭式基金为其提供流动性。通过更好的基金公司内部的资源配置，让更好的基金经理管理开放式基金，来提高开放式基金的表现。当该基金公司管理的封闭式基金越多，表明可以为开放式基金提供更多的资源，开放式基金也有意愿通过“异常分红”策略来引发市场关注。但是，在这五年期间基金公司管理开放式基金数、基金经理更换次数和国有变量对于异常分红影响并不显著。上述基金治理变量在牛市和熊市中是否会有作用？

(四)牛市和熊市期间开放式股票型基金异常分红实证分析

2005 年年底至 2007 年 10 月，我国股市持续上涨；而 2007 年 10 月至 2008 年年底，股市持续下跌。根据这段时间内股市持续上涨或者下跌，定义 2007 年为牛市，2008 年为熊市。

表 5-6　牛市和熊市的基金异常分红二元选择模型

	规模	累计净值增长率	现金流	持股比率	份额	管理开放式基金数	管理封闭式基金数	更换次数	国有变量
2007 年	0.1574**	−0.0277***	0.0652***	0.0208***	−0.2758***	−0.0842	0.4795**	0.5964**	−1.1192**
模型 3	(0.0725)	(0.0058)	(0.0239)	(0.0077)	(0.0884)	(0.0807)	(0.2085)	(0.2827)	(0.4788)
2008 年	0.3124**	−0.1401***	0.0455	−0.1058***	−0.5237***	−0.0422	0.4355	−1.2167*	−0.4677
模型 4	(0.1342)	(0.0360)	(0.1236)	(0.0268)	(0.1380)	(0.0717)	(0.3642)	(0.7297)	(0.5257)

注：括号内的数值为标准误。***、** 和 * 分别代表 1%、5% 和 10% 的显著性水平。

与整个样本模型不同的是，在 10% 的显著水平下，现金流和管理封闭式基金数在熊市中并不显著，其他财务变量对异常分红影响在方向上与整个样本期的效果一致。

基金公司管理开放式基金数对异常分红具有负效应，在牛市和熊市的系数的P值分别是0.30和0.56。在一定程度上表明，当公司管理开放式基金数增多时，基金越不倾向于异常分红。这是因为管理基金越多的基金公司，在牛市中其以管理费为主的公司利润越容易达到，实现管理公司的经营目标。而投资者在选择基金时，是按照先选择基金公司，再选择“明星基金”的顺序。当一只基金异常分红后，会抢夺该公司其他基金的投资者，造成其他基金更大的赎回压力。当该公司管理的开放式基金越多时，赎回压力也会越大。所以，当公司管理开放式基金数越多时，基金越不倾向于异常分红。

管理封闭式基金数对异常分红有正效应，在熊市中变得并不显著。这是因为在熊市中，好的投资机会变得较少，开放式基金以封闭式基金为成本，通过优先交易和更好的资源配置策略变得难以奏效，在基金亏损的条件下难以实施“异常分红”营销策略。同时，封闭式基金的折价在熊市中具有无套利作用，将选择该基金公司的投资者更多地吸引到封闭式基金，而基金公司以管理费最大化为目标，只要管理资产没有大比例赎回的话，也没有动力实施开放式基金的异常分红。

基金经理追逐的目标是管理资产规模、工资报酬、社会认可度最大化以及最佳的升迁机会。变更基金经理本身就是一种信号，会引发投资者关注。在牛市中，基金经理更换次数对于对异常分红有正影响。更换新的基金经理后，基金更倾向于异常分红。同时，新的基金经理更乐于发放超额红利，试图传递利好信号，引起投资者注意，鼓励投资者认购基金，增加现金流和资产规模，实现其管理资产规模、薪酬最大化以及最佳的升迁机会。但是，在2008年这样的熊市中，变更基金经理反而会减少异常分红的可能。2008年股票型基金的平均年收益率为－50.63%，当新的基金经理上任后，最大的目标是减少资产随大盘的缩水，实施“异常分红”营销策略已经退于次要地位。

在牛市中，国有变量对异常分红有负效应，也就是说，非国有基金更倾向于异常分红，使用“异常分红”营销策略。当基金投资业绩较好时，非国有基金更乐于按照基金招募说明书的要求进行分红，满足投资者落袋为安的要求、增加投资者信心。在熊市中，“异常分红”营销策略变得不再重要。

二、短期的异常分红和基金业绩

在上一节中，证实了在长期(一年的时间里)，异常分红后资产规模和现金流不但没有减小反而会增加，这说明基金异常分红除了回馈投资者、满足投资者特定的红利偏好外，还可以作为一种营销策略，缓解“赎回异象”。

本节将采用事件研究法对短期内(十天的时间)分红和基金业绩的关系进

行深入研究，运用四因素模型来估计分红后的投资收益率，观察分红后基金的投资回报。从分红与前期业绩的关系、证券市场的大环境以及在事件窗的异常收益率来评价基金分红意义出发，进行分析研究。定义股票型基金每次支付大于等于 0.3 元/份的红利是异常分红。对比异常分红和分红对短期基金业绩及一个月后流动性压力的影响差异。

(一)事件研究法概述

最早的事件研究起源于 Dolley(1933)对 1921 年至 1933 年间的股票拆分名义价格变动进行事件研究。Fama、Fisher、Jensen 和 Roll(1969)给出了股票拆分事件研究的经典研究范式，在接下来的研究中可以发现这一框架一直沿用至今。事件分析一直是被视为检验有效市场的重要方法。

随着研究的深入，事件研究的方法有两个重要的发展趋势：一是研究的数据由月数据逐步发展为日数据。相比于月数据，日数据包含事件发生后收益信息和异常收益信息，这样使用日数据分析将更加准确。二是估计事件窗的计量模型更加多样和准确，三因素模型和四因素模型等更加复杂的模型不断推出，异常收益校准后的统计指标也在不断完善，试图避免传统统计量(t值等)的分布假设等不足。

谈儒勇等(2005)以 2002 年 9 月 10 日至 2003 年 9 月 22 日共 249 个交易日为估计窗，以《证券投资基金法》颁布日 2003 年 10 月 28 日前后各 20 个交易日为事件窗，采用市场模型对事件窗进行估计，发现大基金与沪市基金对该法的颁布给予利好反应，而基金整体却未给予明显反应。在研究方法上，谈儒勇等将总样本和子样本相结合，考虑《证券投资基金法》对整个基金和不同类基金的冲击作用，有利于缓解 CAR 受组合特性的影响，但是在统计变量的选择上采用传统 t 值，是需要进一步改进的。解学成等(2009)采用开放式股票型基金 2004 年第二季度到 2008 年第二季度的季度数据，以开放式基金持有人赎回行为作为事件。研究发现，我国基金投资者在牛市、熊市中对宏观信息的反应不一致。此外，基金分红能够吸引到增量资金流入，大额分红并不会减少基金的规模，相反会吸引资金的持续流入。

本节选取 2006 年 1 月 1 日至 2010 年 12 月 31 日间的开放式股票型基金为样本。事件研究的分析框架如下：

第一，事件定义。事件研究的第一步是对事件本身进行定义。本章定义 2006 年 1 月 1 日至 2010 年 12 月 31 日期间分红和异常分红为研究事件，数据来源于国泰安(CSMAR)数据库。其中，分红的定义是在样本期内单次每份基金分红大于 0 元；异常分红的定义是在样本期内单次每份基金分红大于等于 0.3 元。估计窗是分红(含异常分红)的前 13 个工作日，事件窗为分红当日及之后的 9 个工作日(共计 10 个工作日)。

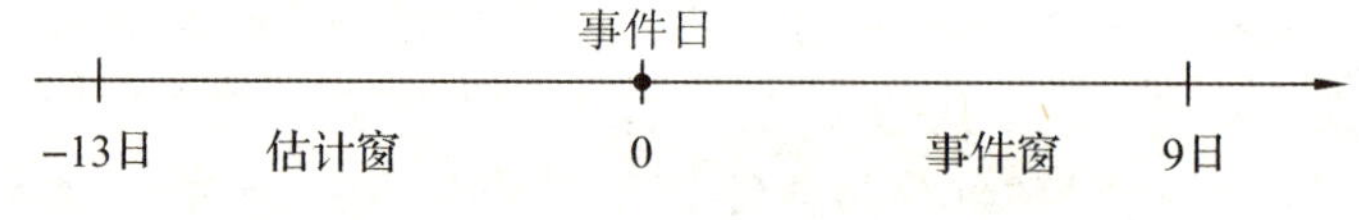

图 5-1 事件日、事件窗与估计窗

第二，事件选取的标准。当事件窗不存在重叠现象或者分红事件相邻日期不是很近时，不同开放式股票型基金异常收益之间是不相关的假设一般都能得以满足。更进一步地说，不同开放式股票型基金累计异常收益之间是不相关的假设也是能够满足的。假设整个基金的样本服从联合多元正态分布，且独立同分布。由于事件分析的异常收益常常会受到样本特性的影响，如规模、组合等，所以，有必要对这些特性进行考虑。本节将考察基金收益优劣及股市大环境等因素对分红和异常分红的异常收益的影响。

第三，正常收益和异常收益的定义。为了评估事件窗中的事件的影响。要先估计出正常收益。本章通过利用分红前 13 个工作日的基金收益率，来估计分红当日及之后的 9 个工作日的收益(事件窗共计 10 个工作日)。最后异常收益为实际基金收益率减去四因素模型估计的基金收益率。

第四，事件窗的估计方法，采用的是 Carhart(1997)的四因素模型。在第四章中，对 2003 年 1 月至 2010 年 9 月间的开放式股票型基金建立四因素的一阶固定效应面板回归模型，发现 *RMRF*、*SMB*、*HML* 和 *PR*6*MN* 的系数绝大部分均显著，R^2 为 0.6857，模型对基金的业绩有较好的解释力。所以，在本章中考虑使用四因素模型。

第五，异常收益检验方法。检验异常收益的方法很多，但原假设大多是异常收益为 0。本章中采用传统 t 检验、Patell 的 t 检验、Boehmer 的 t 检验及非参数 t 检验四种方法。

第六，分析与结论。根据事件分析的异常收益及 t 值，对事件的影响进一步分析并得出结论。

(二)描述性统计

本节使用的是 2006 年 1 月 1 日至 2010 年 12 月 31 日间的开放式股票型基金日数据，数据来源于国泰安(CSMAR)数据库，本节中所指天均为工作日。其中，基金收益率使用的是考虑分红和拆分的累计净值增长率。计算方法是：累计净值=当日基金净值×基金第一次分拆比例×基金第二次分拆比例+基金第一次分拆前的累计份额分红金额+基金第一次分拆后至基金第二次分拆前份额分红金额×基金第一次分拆比例+基金第二次分拆后累计份额分红金额×基金第一次分拆比例×基金第二次分拆比例。四因素模型中的 *RM*、*SMB* 和 *HML* 的日收益率采用的是所有 A 股的考虑现金红利再投资的日个股收益率、日个股总市值和市净率 *P*/*B*(*B*/*E*=*P*/*B* 的倒数，使用的是总市值的概念)的数据计算出。持续性变量用形成期 1 个月、持有期 10 天的日平均收益率代表。无风险利率为银行一年期定期存款的日化利率。定义分红为在样本期内单次每份基金分红大于 0 元；定义异常分红为在样本期内单次每份基金分红大于等于 0.3 元。

RM、*SMB*、*HML* 和 *PR*10*D* 的构建方法同 Carhart(1997)。首先，将开放式股票型基金按照日个股总市值的升序排列，前 50%构成大规模基金组合(B)，后 50%构成小规模基金组合(S)；其次，将开放式股票型基金按照 *B*/*E* 的升序排列，前 30%构成高 *B*/*E* 组合(H)，后 30%构成高 *B*/*E* 组合(L)，其他 40%的基金构成中 *B*/*E* 组合(M)；再次，将所有基金按照规模和 *B*/*E* 值进行分组，放入 B/H、B/M、B/L、S/H、S/M 和 S/L 六个组合中。最后，*SMB* 为小规模组合(*S*/*H*、*S*/*M* 和 *S*/*L* 的价值加权平均值)与大规模组合(*B*/*H*、*B*/*M* 和 *B*/*L* 的价值加权平均值)的差。*HML* 为高 *B*/*E* 组合(*B*/*H* 和 *S*/*H* 的价值加权平均值)与低 *B*/*E* 组合(*B*/*L* 和 *S*/*L* 的价值加权平均值)。另外，*RM* 为所有 A 股的按总市值加权的考虑现金红利再投资的日收益率。按照过去一个月基金累计收益率的升序排列，前 30%组合为赢者组合、后 30%的为输者组合。动量势能 *PR*10*D* 为赢者组合和输者组合在接下来的 10 天里的日等权重平均收益率的差。

对形成期为 1 个月和持有期为 5 天、10 天和 20 天进行计算，发现 *PR*5*D*、*PR*10*D* 和 *PR*20*D* 的收益率分别为 0.153%、0.289%和 0.442%，*t* 值分别为 4.04、5.66 和 6.02。在 1%的显著水平下，*PR*5*D*、*PR*10*D* 和 *PR*20*D* 都是显著的，本节采用形成期为 1 个月和持有期为 10 个工作日的相对强势策略来计算动量势能。

在 2006 年至 2010 年期间的分红、异常分红、基金累计收益率、*RMRF*、*SMB*、*HML* 和 *PR*10*D* 的描述性统计，见表 5-7。在样本期内，*RMRF*、*SMB* 和 *HML* 的均值为－0.005%、－0.0003%和－0.002%，*t* 值分别是－7.33、0.61 和－4.96。在 1%的显著水平下，*RMRF* 和 *HML* 是显著的。*RMRF* 和 *SMB*、*HML*、*PR*10*D* 这三个变量的相关系数分别是－0.2233、－0.3666和 0.0471。*SMB* 和 *HML*、*PR*10*D* 这两个变量的相关系数分别是 0.3633 和－0.023。*HML* 和 *PR*10*D* 的相关系数是－0.0892。在 5%的显著水平下，相关系数都显著。

相比原始数据的样本期间分红 439 次，剔除相邻两次分红时间间隔不足半个月、事件研究的估计窗和事件窗少于 13 个工作日和 10 个工作日的分红事件后，共剔除 60 个分红事件。在 2006 年至 2010 年期间共有 131 只基金分红 379 次，异常分红 62 次。分红和异常分红的均值分别是 0.204 元和 0.767 元。分红的最大值(2.8 元)和最小值(0.002 元)的差为 2.798 元，异常分红的最大值(2.8 元)和最小值(0.3 元)的差为 2.5 元。异常分红的标准差(0.479)大于分红的标准差(0.321)。分红和异常分红都具有正偏斜，即均值大于中位数，也都有“厚尾现象”。分红的频率见图 5-2。异常分红占分红的 16.36%。

表 5-7 事件研究样本的描述性统计

年份	变量	分红	异常分红	累计回报率	*RMRF*	*SMB*	*HML*	*PR*10*D*
2006年	样本数	72	7	1579	241	241	241	241
	均值	0.123	0.708	0.454	−0.001	−0.002	−0.002	0.276
	标准差	0.216	0.289	1.356	0.015	0.011	0.004	0.996
	偏度	3.102	−0.377	0.038	−0.311	−0.524	−0.636	0.793
	峰度	11.8	1.673	5.633	5.45	4.592	5.106	4.435
	最小值	0.01	0.3	−5.443	−0.065	−0.041	−0.016	−1.881
	25%分位	0.03	0.36	−0.265	−0.008	−0.007	−0.003	−0.413
	中位数	0.05	0.7	0.424	−0.002	−0.001	−0.002	0.222
	75%分位	0.08	0.949	1.219	0.007	0.004	0	0.825
	最大值	1.04	1.04	9.19	0.045	0.036	0.011	3.808
2007年	样本数	105	35	2238	242	242	242	242
	均值	0.355	0.843	0.415	−0.001	−0.001	−0.004	0.802
	标准差	0.45	0.493	1.768	0.032	0.028	0.028	1.618
	偏度	2.376	1.873	−0.735	4.216	−7.2	−12.702	0.071
	峰度	10.539	8.079	5.836	47.799	83.181	182.237	2.762
	最小值	0.01	0.3	−9.389	−0.095	−0.334	−0.413	−3.849
	25%分位	0.08	0.5	−0.463	−0.013	−0.009	−0.007	−0.344
	中位数	0.18	0.697	0.47	0.001	0.002	−0.002	0.719
	75%分位	0.5	1.1	1.443	0.011	0.01	0.002	1.918
	最大值	2.8	2.8	5.61	0.329	0.048	0.022	4.542
2008年	样本数	35	10	752	246	246	246	246
	均值	0.294	0.674	−0.112	−0.014	0	−0.001	0.253
	标准差	0.381	0.558	1.897	0.03	0.016	0.004	2.465
	偏度	3.244	1.6	0.129	0.331	−0.9	−2.719	0.075
	峰度	13.565	3.963	4.334	3.956	4.773	23.091	3.36
	最小值	0.05	0.3	−6.958	−0.09	−0.071	−0.035	−6.286
	25%分位	0.1	0.35	−1.267	−0.032	−0.007	−0.002	−1.022
	中位数	0.2	0.466	−0.006	−0.014	0.002	−0.001	0.037
	75%分位	0.3	0.53	0.885	0.001	0.011	0.001	1.713
	最大值	1.96	1.96	7.487	0.089	0.039	0.01	7.393

续表

年份	变量	分红	异常分红	累计回报率	*RMRF*	*SMB*	*HML*	*PR*10*D*
2009年	样本数	74	6	1891	244	244	244	244
	均值	0.137	0.485	0.21	−0.003	0.001	−0.001	0.324
	标准差	0.131	0.161	1.732	0.019	0.011	0.006	1.784
	偏度	2.248	0.014	−5.53	−0.609	−1.006	0.337	−0.712
	峰度	8.91	1.268	105.794	4.157	5.63	6.069	4.16
	最小值	0.01	0.31	−35.878	−0.075	−0.052	−0.028	−6.408
	25%分位	0.05	0.32	−0.363	−0.012	−0.005	−0.005	−0.514
	中位数	0.1	0.49	0.339	−0.001	0.002	−0.002	0.525
	75%分位	0.19	0.62	1.056	0.009	0.009	0.001	1.532
	最大值	0.68	0.68	5.625	0.056	0.022	0.021	4.668
2010年	样本数	93	4	1862	242	242	242	242
	均值	0.117	0.857	−0.048	−0.006	0.001	−0.001	−0.209
	标准差	0.211	0.697	1.168	0.015	0.01	0.008	1.563
	偏度	6.66	1.012	−0.456	−0.601	−1.12	0.952	−1.206
	峰度	54.311	2.221	4.513	4.339	5.342	5.34	6.543
	最小值	0.002	0.35	−5.481	−0.061	−0.038	−0.02	−7.48
	25%分位	0.03	0.425	−0.648	−0.014	−0.005	−0.006	−0.978
	中位数	0.08	0.6	0.004	−0.005	0.003	−0.002	−0.147
	75%分位	0.14	1.29	0.627	0.003	0.007	0.002	0.767
	最大值	1.88	1.88	3.878	0.032	0.024	0.033	3.458
2006～2010年	样本数	379	62	8322	1215	1215	1215	1215
	均值	0.204	0.767	0.225	−0.005	−0.0003	−0.002	0.289
	标准差	0.321	0.479	1.596	0.024	0.017	0.014	1.779
	偏度	3.673	1.796	−1.863	1.979	−7.33	−22.905	−0.226
	峰度	20.623	7.136	37.354	35.654	139.24	684.943	4.893
	最小值	0.002	0.3	−35.878	−0.095	−0.334	−0.413	−7.48
	25%分位	0.05	0.45	−0.501	−0.015	−0.006	−0.005	−0.638
	中位数	0.1	0.645	0.278	−0.003	0.001	−0.001	0.269
	75%分位	0.2	1	1.072	0.007	0.008	0.001	1.249
	最大值	2.8	2.8	9.19	0.329	0.048	0.033	7.393

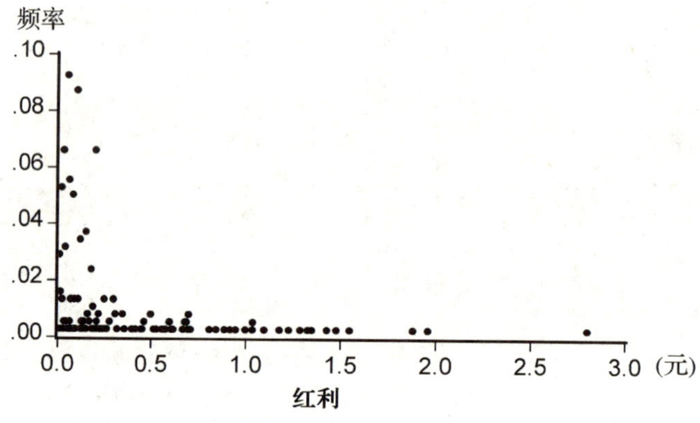

图 5-2 分红频率

在表 5-8 中，P1 组合至 P10 组合是按照 Jegadeesh 和 Titman(1993)的方法，将基金过去一个月收益率按照升序排列后，最差的十分之一组合为 P1 组合，之后依次命名为 P2 组合至 P10 组合。其中，P10 组合为赢者组合，P1 组合为输者组合。根据股市持续的涨跌，定义 2006 年为牛市，2008 年为熊市。

在整个样本期内，共分红 379 次。赢者组合 P10 组合的分红次数(49 次)和分红的平均值(0.158 元)均大于输者组合 P1 组合的分红次数(29 次)和分红的平均值(0.146 元)，且 P10 组合的分红标准差较小。P6 组合至 P10 组合的分红 216 次大于 P1 组合至 P5 组合的分红 163 次，反映了分红是在基金业绩表现良好的情况下回馈投资者的行为。在 2006 年牛市中，共分红 72 次。P10 组合分红 10 次，分红平均值为 0.065 元。P1 组合分红 5 次，分红平均值为 0.025 元。P10 组合的分红的次数和均值都大于 P1 组合。相比之下，在牛市中业绩表现好的基金更倾向于分红。而在熊市中，共分红 34 次，小于牛市分红次数。在 2008 年的熊市中，P10 组合在整个证券市场环境不好的情况下未进行分红，而 P1 组合虽然投资业绩不佳，仍然进行了 6 次分红，分红的均值为 0.319 元(大于牛市中 P1 组合分红均值)，且在所有的组合中，分红的次数和分红均值位于较前的位置。分红原本是基金在优秀的投资业绩情形下，回馈投资者的行为。实际上，业绩表现差的基金却在大环境不好的情况下进行大额分红，所以有必要对异常分红(大额分红)进行进一步的研究。

参考股利异常分红并结合我国基金分红的实际情况(分布和中位数等)，定义短期中开放式股票型基金每次支付大于等于 0.3 元/份的红利是异常分红。在整个样本期中，共异常分红 62 次。P10 组合的异常分红的次数和均值

表 5-8　分红、异常分红与基金业绩持续性组合

单位：个，元

	分红											异常分红										
	P1	P2	P3	P4	P5	P6	P7	P8	P9	P10	所有组合	P1	P2	P3	P4	P5	P6	P7	P8	P9	P10	所有组合
2006～2010 年																						
样本数	29	32	30	43	29	42	40	41	44	49	379	5	7	6	8	5	7	10	6	2	6	62
均值	0.146	0.352	0.186	0.199	0.225	0.233	0.25	0.21	0.117	0.158	0.204	0.572	1.278	0.606	0.661	0.804	0.714	0.744	0.831	0.865	0.605	0.767
标准差	0.235	0.608	0.259	0.279	0.324	0.313	0.359	0.302	0.212	0.187	0.321	0.307	0.786	0.323	0.381	0.457	0.562	0.428	0.39	0.799	0.135	0.479
最小值	0.01	0.01	0.01	0.01	0.01	0.005	0.01	0.002	0.01	0.015	0.002	0.3	0.68	0.31	0.3	0.31	0.31	0.32	0.35	0.3	0.35	0.3
中位数	0.05	0.1	0.095	0.1	0.1	0.18	0.1	0.1	0.06	0.09	0.1	0.466	1.039	0.539	0.595	0.89	0.5	0.645	0.922	0.865	0.645	0.645
最大值	1.1	2.8	1.23	1.329	1.29	1.96	1.55	1.35	1.43	0.71	2.8	1.1	2.8	1.23	1.329	1.29	1.96	1.55	1.35	1.43	0.71	2.8
2006 年牛市																						
样本数	5	6	6	9	4	5	11	9	7	10	72	0	0	0	2	0	0	3	1	1	0	7
均值	0.025	0.058	0.078	0.26	0.052	0.074	0.196	0.18	0.078	0.065	0.123	0	0	0	0.934	0	0	0.583	1.04	0.3	0	0.708
标准差	0.015	0.019	0.075	0.386	0.036	0.083	0.265	0.329	0.099	0.035	0.216				0.02			0.193				0.289
最小值	0.01	0.03	0.015	0.02	0.02	0.02	0.015	0.02	0.03	0.03	0.01				0.92			0.36	1.04	0.3		0.3
中位数	0.02	0.055	0.045	0.06	0.045	0.05	0.05	0.05	0.04	0.06	0.05				0.934			0.69	1.04	0.3		0.7
最大值	0.05	0.08	0.21	0.949	0.1	0.22	0.7	1.04	0.3	0.15	1.04				0.949			0.7	1.04	0.3		1.04
2008 年熊市																						
样本数	6	0	3	5	2	8	2	3	5	0	34	4	0	2	1	1	1	0	0	1	0	10
均值	0.319	0	0.373	0.169	0.275	0.381	0.2	0.14	0.356	0	0.296	0.441	0	0.469	0.3	0.35	1.96	0	0	1.43	0	0.674
标准差	0.204		0.174	0.092	0.106	0.642	0	0.072	0.601		0.386	0.098		0.069								0.558
最小值	0.05		0.18	0.066	0.2	0.06	0.2	0.06	0.05		0.05	0.3		0.42	0.3	0.35	1.96			1.43		0.3
中位数	0.383		0.42	0.18	0.275	0.19	0.2	0.16	0.1		0.2	0.466		0.469	0.3	0.35	1.96			1.43		0.466
最大值	0.53		0.518	0.3	0.35	1.96	0.2	0.2	1.43		1.96	0.53		0.518	0.3	0.35	1.96			1.43		1.96

(6 次和 0.605 元)略大于 P1 组合(5 次和 0.572 元)，但是 P1 组合的异常分红标准差 0.307 大于 P10 组合的 0.135。在牛市中，基金较少进行异常分红，仅存在 P4 组合、P7 组合、P8 组合和 P9 组合进行了 7 次异常分红，均值为 0.708 元。而在熊市中，共进行了 10 次异常分红(大于牛市时的 7 次)，均值为 0.6074 元。异常分红较集中在 P1 至 P5 组合，异常分红 8 次，占总异常分红的 80%。P10 组合未进行异常分红。P1 组合进行了 4 次异常分红，均值为 0.441 元。相比于牛市，在熊市中 P10 组合只是进行正常的分红行为而不进行异常分红，P1 组合更倾向于异常分红(占分红的 66.7%)。对于投资业绩差的基金来说，异常分红不再仅仅是一种回馈投资者的行为，这可能是投资业绩差的基金用异常分红来引发市场关注，进行基金营销的重要策略。

(三)分红事件研究方法

选取 2006 年至 2010 年的开放式股票型基金作为样本，剔除相邻两次分红时间间隔不足半个月、估计窗和事件窗少于 13 个工作日和 10 个工作日的 60 个分红事件后，有 131 只基金分红 379 次，异常分红 62 次。其中，分红的定义是在样本期内单次每份基金分红大于 0 元；异常分红的定义是在样本期内单次每份基金分红大于等于 0.3 元。

假设不同基金的异常收益及累积异常收益之间是相互独立的；样本基金的收益服从联合多元正态分布，且独立同分布。分红事件和异常分红事件的时间点为 $t=0$，估计窗为 $t=-13$ 至 $t=-1$(共 13 个工作日)，事件窗为分红当天 $t=0$ 至 $t=9$(共 10 个工作日)。

假设基金业绩收益率满足四因素模型(5-2)式，利用四因素模型来计算事件窗的正常收益率。

$$r_{it}=\alpha_i+\beta_{iM}RMRF_t+\beta_{iSMB}SMB_t+\beta_{iHML}HML_t+\beta_{iPR10D}PR10D_t+e_{it} \quad (5\text{-}2)$$

其中，$RMRF$ 为 A 股市场超额收益率，SMB 为小规模和大规模的 A 股收益率差，HML 为高 B/E 与低 B/E 的 A 股收益率差，$PR10D$ 为形成期 1 个月、持有期 10 天的动量势能变量；$t=-13$，…，-1。

单个分红事件的异常收益 $AR_{it}=r_{it}-E(r_{it})$。当使用的是四因素模型时，则此时的异常收益为(5-3)式。其中，$t=0$，…，9。

$$AR_{it}=r_{it}-\hat{\alpha}_i-\hat{\beta}_{iM}RMRF_t-\hat{\beta}_{iSMB}SMB_t-\hat{\beta}_{iHML}HML_t-\hat{\beta}_{iPR10D}PR10D_t \quad (5\text{-}3)$$

在 $t=0$ 至 9 日时的日平均异常收益 AAR(有 379 个样本事件)为

$$AAR_t=\frac{1}{N}\sum_{i=1}^{N}AR_{it} \quad (5\text{-}4)$$

第 0 日至第 τ 日（$\tau=0$，…，9）的累积平均异常收益 $CAAR$ 为

$$CAAR_{\tau}=\sum_{t=0}^{\tau}AAR_{t} \tag{5-5}$$

本章对异常收益进行统计检验的方法是：传统 t 值、Patell 的 t 值、Boehmer 的 t 值及非参数 t 值四种方法。其中，传统 t 值、Patell 的 t 值和 Boehmer 的 t 值属于参数检验，原假设都是异常收益为 0。

传统 t 检验，假设异常收益在横截面是相互独立的，但是允许事件窗方差在事件发生后变化。

$$t_{cs}=\frac{\frac{1}{N}\sum_{i=1}^{N}AR_{i}}{\sqrt{\frac{1}{N(N-1)}\sum_{i=1}^{N}\left[AR_{i}-\frac{1}{N}\sum_{i=1}^{N}AR_{i}\right]^{2}}} \tag{5-6}$$

Patell 的 t 检验。假设异常收益在横截面是相互独立的，事件发生后并不会对事件窗方差造成影响。Patell 的 t 值是对事件窗异常收益使用估计窗标准差来标准化，这减少了较大收益标准差对统计检验的影响。其中，SR 为使用估计窗标准差标准化后的异常收益。

$$t_{Patell}=\frac{\sum_{i=1}^{N}SR_{i}}{\sqrt{N}} \tag{5-7}$$

Boehmer 的 t 检验。是对传统 t 检验和 Patell 的 t 检验的改进，同时考虑了估计窗和事件窗的信息，进行了两步标准化。该检验不受事件发生后方差变化的影响。

$$t_{BMP}=\frac{\frac{1}{N}\sum_{i=1}^{N}SR_{i}}{\sqrt{\frac{1}{N(N-1)}\sum_{i=1}^{N}\left[SR_{i}-\frac{1}{N}\sum_{i=1}^{N}SR_{i}\right]^{2}}} \tag{5-8}$$

非参数的 t 检验，并不基于特定的异常收益分布假设。符号检验是一种常用的非参数检验的方法，属于单尾检验，假设异常收益间在横截面是相互独立的，原假设是一半的异常收益是负数。其中，P 为正异常收益的比重。

$$t_{sign}=\frac{(P-0.5)}{\sqrt{\frac{0.25}{N}}} \tag{5-9}$$

(四)分红事件的实证分析

定义在样本期内单次每份基金分红大于0元为分红事件，通过分红事件前13个工作日为估计窗，采用四因素模型，对分红后10个工作日(含分红当天)的事件窗估计。分红后10个工作日的 *AAR* 和 *CAAR*，见图5-3。

分红估计窗的13个工作日的平均超额收益为－0.0007%，t_{cs} 为1.41，在统计上并不显著，说明四因素模型对于估计窗有较好的解释。事件窗10个工作日的异常收益(*AAR*)分别是－0.0065%、－0.0677%、－0.1312%、－0.1460%、－0.1968%、－0.1816%、－0.0673%、－0.0810%、－0.2006%和－0.2601%，日平均累计异常收益(*CAAR*)分别是－0.0065%、－0.0742%、－0.2054%、－0.3514%、－0.5482%、－0.7298%、－0.7970%、－0.8780%、－1.0786%和－1.3387%。在分红事件发生当天，基金的收益率出现略微的负效应(－0.0065%)，之后负效应逐步加强，到第六日和第七日效果减弱为－0.0673%和－0.0810%，之后效应又加大。t_{cs}、t_{patell}、t_{BMP} 和 t_{sign} 分别是－2.85、－10.16、－1.85和－1.72，在统计上都是显著的。整个事件窗的 *CAAR* 为－1.3387%，从整体上说明分红在短期内对基金的业绩将产生负效应。整个估计窗和事件窗的 *AAR* 及事件窗的 *CAAR*，见表5-9。

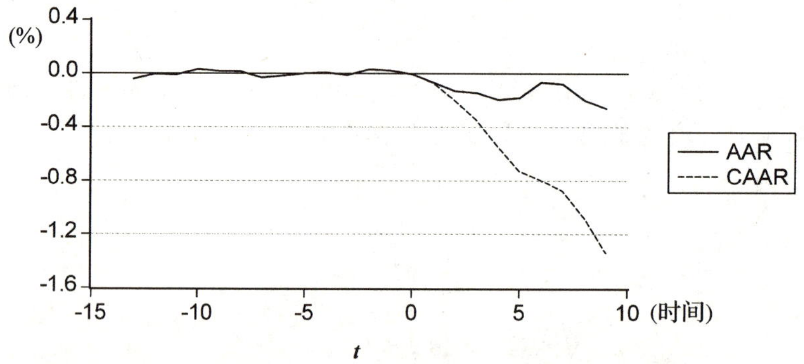

图5-3 分红后的AAR和CAAR

分红是一种回馈股东的行为，是将投资收益分配给投资者，由投资者选择现金红利和红利再投资。一方面，满足了投资者落袋为安的需要；另一方面，是为了满足招募说明书和相关监管要求。但从整体上来看，分红对基金的短期(10个工作日)业绩存在显著的负效应，可能是基金为满足分红的流动性要求，而对资产配置进行重新安排，会对投资结果造成了一定的影响。

表 5-9　分红前后的 AAR 和 CAAR　(%)

t	AAR	$CAAR$
−13	−0.0431	
−12	−0.0053	
−11	−0.0106	
−10	0.0289	
−9	0.0154	
−8	0.0149	
−7	−0.0323	
−6	−0.0183	
−5	0.0000	
−4	0.0055	
−3	−0.0132	
−2	0.0295	
−1	0.0201	
0(分红)	−0.0065	−0.0065
1	−0.0677	−0.0742
2	−0.1312	−0.2054
3	−0.1460	−0.3514
4	−0.1968	−0.5482
5	−0.1816	−0.7298
6	−0.0673	−0.7970
7	−0.0810	−0.8780
8	−0.2006	−1.0786
9	−0.2601	−1.3387

在表 5-10 中，在每个时刻按照过去一个月的投资业绩对基金进行十等分的分组，最差的组合定义为 P1 组合，其他组合依次定义为 P2 组合、P3 组合、P4 组合、P5 组合、P6 组合、P7 组合、P8 组合、P9 组合和 P10 组合，P10 组合为最好的组合。在分红当天 P10 组合和 P1 组合的异常收益分别是 0.0534%和−0.1299%，在 10 个工作日内的累积异常收益率分别是−2.3450%和−4.9555%，t_{patell} 分别是−7.42 和−11.74，在统计上是显著的。P3 组合和 P4 组合的 *CAAR* 为正数，P5 组合、P6 组合、P7 组合、P8 组合和 P9 组合的 *CAAR* 均为负数。分红后，赢者组合(P10 组合)所受的负影响小于输者组合(P1 组合)的负影响。分红不但不会削弱反而会加强持续性效应。

表 5-10　分红事件窗的 *AAR* 和 *CAAR*　　(%)

		P1	P2	P3	P4	P5	P6	P7	P8	P9	P10	所有组合
样本数		29	32	30	43	29	42	40	41	44	49	379
AAR	$t=0$	−0.1299	−0.2045	0.0825	−0.0394	0.1565	−0.0886	0.0024	0.0963	−0.0092	0.0534	−0.0065
	$t=1$	−0.3469	0.1834	−0.0188	0.0197	0.0428	−0.1875	−0.0335	0.0458	−0.2721	−0.0978	−0.0677
	$t=2$	−0.3049	0.0416	0.0793	0.2243	0.0899	−0.1303	−0.0532	−0.0944	−0.1015	−0.8942	−0.1312
	$t=3$	0.1300	−0.0715	0.1758	0.0644	0.2773	−0.9314	−0.1681	0.0420	−0.0991	−0.4931	−0.1460
	$t=4$	−0.7075	−0.1494	0.0658	0.0575	−0.0401	−0.6375	−0.2226	−0.0534	−0.0122	−0.3088	−0.1968
	$t=5$	−0.9168	0.0915	0.0060	−0.0947	−0.0263	−0.2028	−0.3553	0.1436	−0.4269	−0.1388	−0.1816
	$t=6$	1.0153	−0.0299	0.0262	−0.1686	−0.5137	−0.0562	−0.1256	0.0085	−0.3422	−0.1665	−0.0673
	$t=7$	−0.0693	0.0567	−0.0452	−0.0634	0.0936	−0.0320	−0.2771	−0.1172	−0.1890	−0.0758	−0.0810
	$t=8$	−0.8510	−0.6623	0.0809	0.0317	−0.2251	−0.1141	−0.0580	−0.3874	−0.0820	−0.0306	−0.2006
	$t=9$	−2.7746	−0.0800	0.0699	0.0860	−0.0844	−0.1785	0.1132	−0.1706	−0.1307	−0.1927	−0.2601
CAAR	$t=0$	−0.1299	−0.2045	0.0825	−0.0394	0.1565	−0.0886	0.0024	0.0963	−0.0092	0.0534	−0.0065
	$t=1$	−0.4768	−0.0211	0.0637	−0.0198	0.1994	−0.2761	−0.0311	0.1422	−0.2813	−0.0444	−0.0742
	$t=2$	−0.7816	0.0205	0.1429	0.2045	0.2893	−0.4064	−0.0843	0.0477	−0.3828	−0.9386	−0.2054
	$t=3$	−0.6516	−0.0510	0.3187	0.2690	0.5665	−1.3378	−0.2524	0.0897	−0.4818	−1.4316	−0.3514
	$t=4$	−1.3592	−0.2004	0.3845	0.3265	0.5265	−1.9753	−0.4749	0.0363	−0.4940	−1.7405	−0.5482
	$t=5$	−2.2759	−0.1089	0.3905	0.2318	0.5002	−2.1781	−0.8302	0.1800	−0.9209	−1.8793	−0.7298
	$t=6$	−1.2606	−0.1387	0.4167	0.0631	−0.0135	−2.2343	−0.9559	0.1885	−1.2631	−2.0459	−0.7970
	$t=7$	−1.3299	−0.0820	0.3715	−0.0003	0.0802	−2.2663	−1.2329	0.0713	−1.4521	−2.1217	−0.8780
	$t=8$	−2.1810	−0.7444	0.4524	0.0314	−0.1449	−2.3804	−1.2910	−0.3161	−1.5341	−2.1523	−1.0786
	$t=9$	−4.9555	−0.8243	0.5223	0.1174	−0.2294	−2.5589	−1.1777	−0.4866	−1.6648	−2.3450	−1.3387

(五)异常分红事件研究的实证分析

定义在样本期内单次每份基金分红大于等于 0.3 元为异常分红。运用四因素模型对异常分红后 10 个工作日(含分红当天)的事件窗估计。异常分红后 10 个工作日的 *AAR* 和 *CAAR*，见表 5-11。

在 2006 年至 2010 年，共进行了 62 次异常分红。从整体上看，异常分红对基金业绩存在负效应，*CAAR* 为－2.5715%，不利于基金的业绩表现。这与基金进行异常分红需要大量的流动资产，对基金的原有资产配置会有重大调整，对业绩产生不利影响。其中，赢者组合(P10)和输者组合(P1)分别异常分红 6 次和 5 次，次数差别不大，平均异常分红额为 0.605 元和 0.572 元。*P*10 组合和 *P*1 组合的异常分红 *CAAR* 分别为－6.8099%和－0.6847%。P1 组合的 t_{cs}、t_{patell}、t_{BMP} 和 t_{sign} 分别是－0.16、－0.27、－0.06 和 0，在统计上并不显著。P10 组合的 t_{cs}、t_{patell}、t_{BMP} 和 t_{sign} 分别是－1.07、－13.52、－1.20 和－1.34，仅 t_{patell} 在统计上显著，其他 t 值并不显著。

相比之下，异常分红对赢者组合的影响更大。这是因为投资较差基金的投资技能及投资机会的把握能力没有投资业绩表现好的基金强。在没有好的投资机会的条件下，进行异常分红不失为一个好的策略，用“落袋为安”的心理感受满足投资者，吸引投资者注意。投资者在选择基金时，一般会选择引发其关注的基金。引发投资关注的因素有很多，如媒体关注等，但异常分红也能发出强烈信号，吸引特定偏好的投资者关注。

表 5-11 异常分红事件窗的 *AAR* 和 *CAAR* (%)

		P1	P2	P3	P4	P5	P6	P7	P8	P9	P10	所有组合
	样本数	5	7	6	8	5	7	10	6	2	6	62
AAR	$t=0$	−0.0835	−0.1886	0.3561	−0.2713	0.4599	1.1185	0.0151	−0.0818	0.4860	0.5057	0.2012
	$t=1$	−0.3257	0.8390	−0.4095	−0.0666	−0.0712	−0.6921	−0.4412	−0.1883	0.8514	−0.1966	−0.1419
	$t=2$	0.5621	−0.0135	−0.0330	0.2787	0.3590	−0.2800	−0.6372	0.0858	−0.3618	−7.1917	−0.6576
	$t=3$	0.8076	−0.3962	0.3467	0.4983	−0.1411	−1.7669	−0.4254	0.0105	1.1536	−0.0705	−0.1574
	$t=4$	0.0161	0.0766	0.2714	−0.2788	−0.0305	−0.5091	−0.3129	−0.3835	−1.8098	0.2609	−0.1895
	$t=5$	−2.9426	0.4745	−0.1527	−0.3081	0.8256	−0.0254	−0.5345	0.2130	−2.3068	−0.4511	−0.3137
	$t=6$	0.4213	−0.2610	−0.2195	−0.8286	−0.8858	−0.4677	−0.3476	−0.3164	−6.5203	−0.0527	−0.5702
	$t=7$	0.2320	−0.5676	−0.0222	0.0463	−0.6991	−0.9732	−0.4547	−0.2858	−0.9280	0.4533	−0.3223
	$t=8$	0.8905	−0.4638	−0.1089	0.2334	0.5279	−0.3106	−0.1800	−0.9908	−1.3988	−0.2101	−0.3115
	$t=9$	−0.2626	0.2768	−0.1838	0.3417	−0.8822	0.0335	0.1588	−0.7031	−1.2463	0.1428	−0.1086
CAAR	$t=0$	−0.0835	−0.1886	0.3561	−0.2713	0.4599	1.1185	0.0151	−0.0818	0.4860	0.5057	0.2012
	$t=1$	−0.4093	0.6504	−0.0534	−0.3379	0.3887	0.4264	−0.4261	−0.2701	1.3374	0.3092	0.0593
	$t=2$	0.1529	0.6369	−0.0864	−0.0592	0.7477	0.1465	−1.0633	−0.1842	0.9756	−6.8825	−0.5983
	$t=3$	0.9605	0.2406	0.2602	0.4392	0.6066	−1.6204	−1.4887	−0.1737	2.1291	−6.9530	−0.7557
	$t=4$	0.9766	0.3172	0.5317	0.1603	0.5761	−2.1295	−1.8016	−0.5572	0.3194	−6.6921	−0.9452
	$t=5$	−1.9660	0.7917	0.3789	−0.1478	1.4016	−2.1549	−2.3361	−0.3442	−1.9875	−7.1432	−1.2589
	$t=6$	−1.5446	0.5307	0.1594	−0.9764	0.5158	−2.6225	−2.6837	−0.6606	−8.5078	−7.1959	−1.8291
	$t=7$	−1.3126	−0.0369	0.1372	−0.9301	−0.1833	−3.5957	−3.1384	−0.9464	−9.4358	−6.7426	−2.1513
	$t=8$	−0.4221	−0.5007	0.0284	−1.1635	−0.7112	−3.9063	−3.3183	−1.9373	−10.8346	−6.9527	−2.4628
	$t=9$	−0.6847	−0.2239	−0.1554	−0.8217	−1.5934	−3.8728	−3.1596	−2.6404	−12.0808	−6.8099	−2.5715

这证实了异常分红对表现好的基金业绩有强的负效应，对表现差的基金业绩有弱的负效应，这源于业绩差的基金经理的较差投资技能及缺乏好的把握投资机会能力。此时，异常分红不失为回馈股东的好方式。

(六)异常分红后流动性压力和分红长期收益分析

异常分红对表现差的基金投资行为并没有太大的影响，那么异常分红是否还有深层次的动机？该部分将从基金在异常分红的季度前后的流动性压力及一年内的业绩持续性的变化出发，对异常分红进行深入分析。

由于不存在一个季度或者连续两个季度的连续异常分红，所以，从基金分红前后的流动性资产持有情况和现金流两个角度出发，对基金异常分红的季初和季末的流动性压力进行对比分析。定义基金持有的流动性资产占净值比率＝持有国债占净值比例＋持有金融债占净值比例＋持有央行票据占净值比例＋银行存款和清算备付金占资产总值比例。为了满足日常赎回压力，基金需要准备一定的流动资产。

当基金进行分红后，季初平均流动性资产占净值比率为14.86%，本季度末平均流动性资产占净值比率为14.66%，相比季初减少了0.2%，但在统计上并不显著。下个季度末为14.93%，比上个季度末上升了0.27%，在统计上也不显著。这表明基金分红行为确实会减少基金的流动性资产，但基金流动性风险变化不大。

当基金进行异常分红后，季初平均流动性资产占净值比率为14.44%，本季度末平均流动性资产占净值比率为18.12%，相比季初增加了3.68%，在统计上是显著的。下个季度末为15.72%，比上个季度末下降了2.40%，在统计上也是显著的。这说明基金异常分红后，基金的流动性资产上升，流动性压力下降，流动性风险减少。

对于赢者组合(P10)在异常分红(6次)后，季初平均流动性资产占净值比率为12.08%，本季度末平均流动性资产占净值比率为21.02%，相比季初增加了8.94%，在统计上并不显著。下个季度末为12.70%，比上个季度末下降了8.32%，在统计上也不显著。这说明赢者组合异常分红后，基金的流动性资产上升，流动性压力下降，流动性风险减少。但是到异常分红后的下个季度末，流动性压力加大。

对于输者组合(P1)在异常分红(5次)后，季初平均流动性资产占净值比率为12.81%，本季度末平均流动性资产占净值比率为16.72%，相比季初增加了3.91%，在统计上并不显著。下个季度末为18.43%，比上个季度末增加了1.71%，在统计上也不显著。这说明输者组合异常分红后，基金的流动性资产上升，流动性压力下降，流动性风险减少。同时，在异常分红后的下个季度末流动性资产依然在增加，但幅度小于分红所在的季度。可以发现，输者组合在异常分红后不但缓解了基金业绩表现差而带来的赎回压力，反而在较长时间里增加了流动性资产。

从分红前后的现金流角度出发，据Dahlquist(2000)的现金流定义：

$$Cashflow_{i,t}=TNA_{i,t}-TNA_{i,t-1}\times\frac{NAV_{i,t}}{NAV_{i,t-1}} \tag{5-10}$$

基金分红后，季末现金流比季初平均减少了707400720元，存在现金的净流出，表明分红确实是减少基金规模的行为。基金异常分红后，季末现金流比季初平均减少了 761464240 元，存在现金的净流出，现金流出规模大于整个分红后的现金流平均值。而赢者组合(P10 组合)季末现金流比季初平均减少了 1177202691 元，现金流出规模远大于分红和异常分红季末现金流，输者组合(P1 组合)季末现金流比季初平均增加了 2801985197 元，证实了表现差的基金进行异常分红，引发市场关注，吸引了特定投资偏好的投资者，更吸引了更多投资者购买、存在正的现金流入，缓解了赎回压力。

基金按照过去一个月的日均收益率进行升序排列，表现好的 50%基金属于组合 1，表现差的 50%基金属于组合 2，相对强势策略收益率为组合 1 和组合 2 的差。分红的相对强势收益率计算方法是，分红基金按照在各个时点上整个样本的排位，分配到组合 1 和组合 2，最后计算出相对强势策略收益率。

从表 5-12，可以发现在基金分红后第一个月的基金业绩是劣于整个样本的，但是从长期来看，分红基金在一年里的累计收益率比整个样本期的日均收益率高出了 0.40457%。所以，基金分红后在一个月左右的时间里，会为了满足分红的流动性需要而进行资产配置的调整，从而造成短期内业绩稍差于整个样本，但是从长期来看，分红基金的业绩一般比较好(在整个样本期内，分红时位于组合 1 的基金占 56.99%)，在一年的时间里比整个样本期表现更好，更具有业绩持续性。所以，选择过去表现好并分红的基金不失为一个好的策略。首先，基金进行分红可以满足投资者落袋为安的需要。其次，由于业绩持续性的存在，过去表现好的基金在下一期继续表现好，可以满足投资者资本增值的需要。最后，分红的绩优基金更能在长期中比整个基金组表现更好，获取更好的资本升值。

表 5-12 分红和整个样本期的相对强势策略的日均收益率 (%)

	1个月	2个月	3个月	4个月	5个月	6个月	7个月	8个月	9个月	10个月	11个月	12个月	累计收益
分红(1)	0.00594	0.04258	0.06586	0.02575	0.04933	−0.02765	0.13985	−0.00032	0.00623	0.03292	0.03202	0.11330	0.48583
整个样本期(2)	0.02306	0.01976	0.01613	0.02991	0.01345	−0.02252	−0.00087	−0.01028	0.00618	0.00457	−0.00251	0.00439	0.08126
(1)−(2)	−0.01712	0.02283	0.04974	−0.00416	0.03588	−0.00513	0.14072	0.00996	0.00005	0.02835	0.03454	0.10891	0.40457

三、结论与建议

“异常分红”策略可以引发投资者关注和申购，缓解“赎回异象”。由于有限理性和信息成本的存在，基金异常分红可以作为一种强烈的信号，引发媒体和投资者的关注。

从长期角度出发，基金规模、累计净值增长率、现金流、持股率、份额和管理封闭式基金数对异常分红作用显著。规模、现金流和管理封闭式基金数对异常分红有正影响，累计净值增长率、持股率和份额对异常分红有负影响。存续时间、公司管理开放式基金数、变更基金经理和国有变量是影响分红的重要因素，但在整个样本期中对异常分红的作用并不显著。

开放式基金通过优先交易和更好的资源配置，以封闭式基金为成本，获取更好的业绩。当该基金公司管理的封闭式基金越多，表明可以为开放式基金提供更多的资源，开放式基金也有意愿通过“异常分红”策略引发市场关注。当基金公司管理的开放式基金越多，投资者在选择基金时是按照先选择基金公司，再选择“明星基金”的顺序。当一只基金异常分红后，实际上是会抢夺该公司其他基金的投资者，造成其他基金更大的赎回压力。当该公司管理的开放式基金越多时，赎回压力也会越大，所以基金越不倾向于异常分红。

基金经理追逐的目标是管理资产规模、工资报酬、社会认可度最大化以及最佳的升迁机会。在牛市中，更换基金经理后，基金更倾向于异常分红，进一步释放信号，引发市场关注。但在熊市中，基金经理最大的目标是减少资产随大盘的缩水，实施“异常分红”营销策略已经退于次要地位。在牛市中，非国有基金公司更倾向于使用“异常分红”营销策略，但在熊市时“异常分红”营销策略也会变得不再重要。

从短期角度出发，运用四因素模型对2006年至2010年的开放式股票型基金进行事件窗为10个工作日的事件研究。定义在样本期内单次每份基金分红大于0元为分红；定义在样本期内单次每份基金分红大于等于0.3元为异常分红。

在整个样本期内，反映了分红是在基金业绩表现良好的情况下回馈投资者的行为。在牛市中业绩表现好的基金更倾向于分红，而在熊市中，业绩表现差的基金却在大环境不好的情况下进行大额分红。对于投资业绩差的基金来说，异常分红不再仅仅是一种回馈投资者的行为，这可能是投资业绩差的基金用异常分红来引发市场关注，进行基金营销的重要策略。

从整体上说，分红后对基金的业绩在10个工作日里将产生负效应，可能是基金为满足分红的流动性要求，由于资产配置进行重新安排，而对投资结果造成了一定的影响。但是，赢者组合(P10组合)所受的负影响小于输者组合(P1组合)的负影响。分红不但不会削弱反而会加强持续性效应。这表明业绩较好的基金在有更多的资源可分配时，分红对于基金的负影响也越小。异常分红对基金业绩存在负效应，这与基金进行异常分红需要大量的流动资产，对基金的原有资产配置会有重大调整，对业绩产生更大的不利影响。异常分红对表现好的基金业绩有较强的负效应，对表现差的基金业绩有弱的负效应，这源于业绩差的基金经理的较差投资技能及缺乏好的把握投资机会能力。异常分红不失为回馈股东的好方式，而表现好的基金进行异常分红时，是以放弃投资机会或者改变资产组合来提供流动性为代价的。从基金分红前后的流动性资产持有情况和现金流两个角度出发，均发现异常分红能够缓解基金业绩表现差而带来的赎回压力，反而在较长时间里增加了流动性资产。

从长期来看，分红基金的业绩一般比较好，在一年的时间里比整个样本期表现更好，更具有业绩持续性。选择过去表现好并进行分红的基金不失为一个好的策略。首先，基金进行分红可以满足投资者落袋为安的需要；其次，由于业绩持续性的存在，过去表现好的基金在下一期继续表现好，可以满足投资者资本增值的需要；最后，分红的绩优基金更能在长期中比整个基金组表现更好，获取更好的资本升值。

第六章 反应不足、媒体关注与基金业绩持续性

在第三章中，实证发现在一年左右的时间里我国开放式股票型基金业绩存在持续性，相对强势策略是有效的。基金业绩持续性的超额收益可能来源于时间序列相关性和对市场信息的反应不足并存在两个月左右的时滞，即来源于系统风险。这也就否定了基金弱式有效市场的存在。

当对3月/3月策略下各组合收益建立四因素模型后，发现四因素模型比CAPM模型有更强的解释力，系统风险并不是相对强势策略的来源，小盘股较大盘股对基金业绩持续性更加有利，B/E小的股票对于业绩持续性作用更大。研究发现，持续性变量是基金定价中的重要变量，四因素模型在我国基金定价模型中有重要作用。将对数化的净资产总额、存续时间、管理费用比率和交易费用比率加入四因素模型后，发现拓展模型在解释力上略大于原四因素模型。但是，四因素模型及其拓展模型只能解释基金业绩80%左右的方差，从而有理由相信基金业绩持续性还有其他来源。

在金融学理论中占据统治地位的有效市场理论，无法对基金业绩持续性给予合理解释，无法诠释不断累积的反应不足和过度反应等问题。因此，本章试图从反应不足和反应过度以及媒体作用的角度，对基金业绩持续性进行基于行为金融理论的进一步解释。本章将在反应不足和过度反应的理论基础上，建立基金业绩持续性和股票业绩持续性的EGARCH模型，研究基金业绩持续性和股票业绩持续性的关系。再进一步建立基金业绩持续性的AR-GARCH、AR-EGARCH、AR-EGARCH-M模型，分析基金业绩持续性和滞后变量间的关系、对利好信息和利空信息的反应程度等。然后，利用Bootstrap法，建立基于Bootstrap的AR-EGARCH模型，更好地分析和拟合，并分析牛市和熊市中对利空和利好消息的反应情况。最后，本章从媒体关注的角度出发，采用事件研究和面板数据法来解释基金的业绩持续性。本章的Bootstrap法是使用SAS 9.1软件来完成的。

本章的创新点在于：第一，将反应不足和基金业绩持续性相结合，将媒体关注和基金业绩持续性研究相结合，拓展了研究的广度和深度。第二，采用价值加权的开放式股票型基金收益率来研究基金业绩持续性。第三，采用EGARCH模型，研究基金业绩持续性和股票业绩反转的关系。第四，对AR-GARCH、AR-EGARCH和AR-EGARCH-M模型进行拓展，发现加入Bootstrap 法后提高了原模型 VaR 的有效性。第五，采用事件分析法来研究“明星基金”公布组合后的业绩表现。第六，采用四因素扩展面板模型分析披露组合配置对业绩持续性的影响。

一、反应不足、反应过度与基金业绩持续性

在本节中，从反应不足和反应过度角度出发，建立基金和股票业绩持续性变量以及基金业绩持续性的 AR-EGARCH 等模型。实证分析基金业绩持续性与股票业绩反转以及基金业绩持续性的滞后变量的关系，着重考察是否存在对滞后信息的反应不足和反应过度的情况，并考虑牛市和熊市条件下信息反应扰动的差异性。

(一)反应不足和反应过度理论、GARCH 模型以及 Bootstrap 法概述

反应不足是指人们对信息反应不准确，思想存在惰性，不愿意轻易改变原来的想法、思想保守。当新信息到来后，人们对信息的反应不足，新信息对资产价格的作用逐步显现，所以，出现业绩持续性。反应过度是指人们对信息的理解会有偏颇，对于一些信息的反应过激，新信息对资产价格的作用过度反应，所以，出现业绩反转。反应不足和反应过度并没有否定消费者的理性行为，都是消费者在有效信息集中做出的有限理性选择。

吴世农和吴育辉(2003)对基金重仓持有的股票进行研究分析，发现在一年以后赢家组合发生了显著的反转现象，而输家组合发生了显著的惯性现象。反转现象和惯性现象，与基金重仓持有的股票有密切关系。王海侠和田增瑞(2007)对偏股型开放式基金的绝对和相对收益建立赢者组合和输者组合，发现当形成期和持有期为 8 周或 12 周时，反转策略赢利，动量策略亏损，反转策略的赢利来源于股票价格出现反应过度。但是，当考察时间较长时，股票价格出现反应不足，动量策略会赢利。我国基金投资者的投资策略仍然是一种短期的投机策略，而不是长期持有的投资策略。谢赤、张太原和禹湘(2008)对 2004 年 1 月至 2007 年 3 月的 52 只开放式基金进行研究，从委托代理关系出发，分析出对个股特征的信息反应不足，而对相对惯性反应过度。

收益率聚类现象是指，收益率呈现一段时间波动比较大，一段时间又比较小。方差随时间变化，违反了同方差假设(即存在异方差)。此时，参数估计是无偏估计，但是标准误的估计是错误的，影响统计检验和预测值。收益率的波动性(方差)代表的是相应收益率水平所需要承担的风险水平。所以，考虑使用二阶矩或者高阶矩建立模型。Engle(1982)提出自回归条件异方差模型(ARCH 模型)，用 ARCH 模型表示扰动项的条件方差随时间变化的动态特征，提高了对方差预测的精准度。ARCH 模型使用较少的参数，对实际数据

拟合较好，被广泛地运用于股票、汇率和利率等数据的建模，还存在GARCH和EGARCH等模型的推广变形形式。

广义自回归条件异方差模型(GARCH模型)是对ARCH模型的推广。缓解了当条件方差与较早时期的方差关系较大时参数估计不准确和为了保证方差为正数对参数必须为正数的要求。

GARCH模型的一般形式是：

$$\varepsilon_t=\sqrt{h_t}\upsilon_t \tag{6-1}$$

$$h_t=\alpha_0+\beta_1 h_{t-1}+\cdots+\beta_p h_{t-p}+\alpha_1\varepsilon_{t-1}^2+\cdots+\alpha_q\varepsilon_{t-q}^2$$

其中，平稳条件是$\beta_1+\cdots+\beta_p+\alpha_1+\cdots+\alpha_q<1$。但是，收益率和波动性存在不对称性，即收益率上升时，波动性较大；收益率下降时，波动性较大。非对称条件异方差模型包括EGARCH等模型。

EGARCH(1，1)模型是：

$$\varepsilon_t=\sqrt{h_t}\upsilon_t \tag{6-2}$$

$$\ln h_t=\alpha_0+\beta_1\ln h_{t-1}+\alpha_1\{|\upsilon_{t-1}|-E(|\upsilon_{t-1}|)+g\upsilon_{t-1}\}$$

υ_t是独立同分布的，$E(\upsilon_t)=0$，$D(\upsilon_t)=1$。当$\varepsilon_{t-1}>0$时，低估了市场情况，股票实际价格大于预期价格，代表利好消息，此时$\upsilon_{t-1}>0$，t时期的方差为$\ln h_t=\alpha_0+\beta_1\ln h_{t-1}+\alpha_1(1+g)\upsilon_{t-1}$。当$\varepsilon_{t-1}<0$时，高估了市场情况，股票实际价格小于预期价格，代表利空消息，此时$\upsilon_{t-1}<0$，t时期的方差为$\ln h_t=\alpha_0+\beta_1\ln h_{t-1}+\alpha_1(1+g)\upsilon_{t-1}$。令$\gamma=\alpha_1\times g$，当$\gamma>0$，表明同等程度的正扰动引起的方差变化比负扰动大；当$\gamma<0$，表明同等程度的正扰动引起的方差变化比负扰动小；当$\gamma=0$，表明同等程度的正扰动引起的方差变化与负扰动相同。

考虑收益率和方差的关系，即风险越大，收益越大，将风险的方差作为一个变量引入均值模型，建立EGARCH-M模型。

$$R_t=r_f+\lambda h_t+\varepsilon_t \tag{6-3}$$

$$\varepsilon_t=\sqrt{h_t}\upsilon_t$$

$$\ln h_t=\alpha_0+\beta_1\ln h_{t-1}+\alpha_1\{|\upsilon_{t-1}|-E(|\upsilon_{t-1}|)+g\upsilon_{t-1}\}$$

宫汝凯(2008)对1993年3月10日至2008年3月31日的沪深两市综合股价指数的日收盘价及交易量进行研究，发现股价变动具有ARCH效应、杠杆效应和对信息的反应并非十分灵敏。陆蓉和徐龙炳(2004)采用EGARCH模型对从1990年12月19日至2003的1月29日的股市波动进行研究，发现我国股票市场在牛市和熊市阶段对“利好”与“利空”存在不平衡性反应，是正反馈交易行为的体现。刘毅和张宏鸣(2006)对1994年8月1日至2005年6月3

日的股票指数建立 T-GARCH-M 模型，发现牛市和熊市市场环境对我国股票市场信息非对称反应有显著影响。

Bootstrap 法由 Efron① 在前人研究的基础上系统提出。当样本数太小而总体样本太大或者数据有限时，直接用样本估计整体是有失偏颇的。Bootstrap 法的基本思想是用已知的样本分布来替代总体，这种方法是有效的。与蒙特卡罗模拟不同的是，Bootstrap 法并不是随机产生新的数据，而是利用已知的独立同分布的样本，采用有放回的抽样来产生伪随机过程。原有样本被抽中的概率是等可能的。R 语言有 Bootstrap 法的程序包，是现行运用 Bootstrap 法的重要工具。本章使用 SAS 9.1 软件的 proc surveyselect 命令来实现 Bootstrap 法。

由于我国基金业发展时间不长，而本章研究的基金业绩持续性是考虑形成期为 3 个月、持有期为 3 个月的策略，有效样本为 1066 个日数据，建立 ARCH 类模型未免有失偏颇，故考虑建立基于 Bootstrap 法的 AR-ARCH 类模型。第一步，建立合适的 3 月/3 月策略基金业绩持续性的 AR-ARCH 类模型，估计 ε_t 和 h_t，计算 $z_t=\varepsilon_t/\sqrt{h_t}$。第二步，利用 Bootstrap 法从 z_t 样本中有放回地产生等样本数的新 z_t 样本，代入第一步的均值模型，计算得到新的因变量。第三步，用第二步得到的因变量和自变量再次回归，建立同样的 AR-ARCH 类模型，并估计因变量和 h_t，计算 VaR。第四步，重复第二、三步 n 次。

杜本峰(2004)通过对 1999 年 9 月 1 日至 2002 年 9 月 20 日的上海综指、大盘指数、小盘指数等综合指数以及基金天元和基金安顺，建立以正态、历史模拟等的 VaR 与基于 Bootstrap 的风险度量进行对比。发现与传统的蒙特卡罗模拟相比，基于 Bootstrap 法的 GARCH 模型更能反映实际的相关性变化，避免模型风险，提供更满意的组合风险估计。李进芳和王仁曾(2010)对 2005 年以前发行的 4 只基金，采用 Bootstrap 和 GARCH 的混合风险测量模型，发现参数非参数混合风险测量模型能够提高风险价值的计算精度。

(二)基金业绩持续性和股票业绩持续性的关系

本章使用的是 2006 年至 2010 年的开放式股票型基金累计净值日增长率、单位净值日数据、份额总额的季度数据和所有 A 股的考虑现金红利再投资的个股日收益率、个股总市值的日数据，数据均来自国泰安(CSMAR)数据库。基金的日净资产等于日单位净值与季初和季末份额总额平均值的乘积。

① Efron, B., "Bootstrap Methods: Another Look at the Jackknife", *Annals of Statistics*, 7(1), pp. 1—26, 1979.

3 月/3 月策略的基金业绩持续性和所有 A 股市场的业绩持续性变量，按照如下方法构造：第一步，在 t 时刻时，计算前三个月(66 个工作日，包括 t 时刻)的月几何平均收益 $R_t = \sqrt[3]{\prod_{i=t-65}^{t}(1+r_i)} - 1$；第二步，将 t 时刻的 R_t 按照降序排列，前 30%的组合定义为赢者组合，后 30%的组合定义为输者组合；第三步，计算 t 时刻的后三个月(66 个工作日，不包括 t 时刻)赢者组合和输者组合的月几何平均收益 $PR_t = \sqrt[3]{\prod_{i=t+1}^{t+66}(1+r_i)} - 1$；第四步，将每个时刻的赢者组合和输者组合的收益按照价值加权平均(分别按日净资产规模和日个股总市值加权)，赢者组合和输者组合的收益差为业绩持续性变量(动量势能变量)。

按照以上方法分别计算出 2006 年至 2010 年的 3 月/3 月策略的基金和所有 A 股业绩的日持续性变量。由于形成期和持有期为 3 个月，所以实际有效数据共 1066 个。其中，基金业绩持续性变量的月均收益为 1.0410%，t 值为 16.37，P 值为 0，在统计上显著，中位数为 0.8645%，偏度为 0.8645，峰度为 1.1582(<3)为扁峰分布。所有 A 股业绩持续性变量的月均收益为 −1.1811%，t 值为 −8.64，P 值为 0，在统计上显著，中位数为 −0.2630%，偏度为 −0.2630，峰度为 1.0710(<3)为扁峰分布。总体上来看，基金存在 3 月/3 月的动量势能，而 A 股市场存在 3 月/3 月的业绩反转。

基金的业绩持续性和股票市场是否存在相关性？3 月/3 月策略的基金业绩持续性和所有 A 股业绩持续性变量见图 6-1。发现相对于股市业绩持续性，基金业绩持续性的波动相对较小，但二者都存在收益率聚类性。故考虑建立 ARCH 类模型。

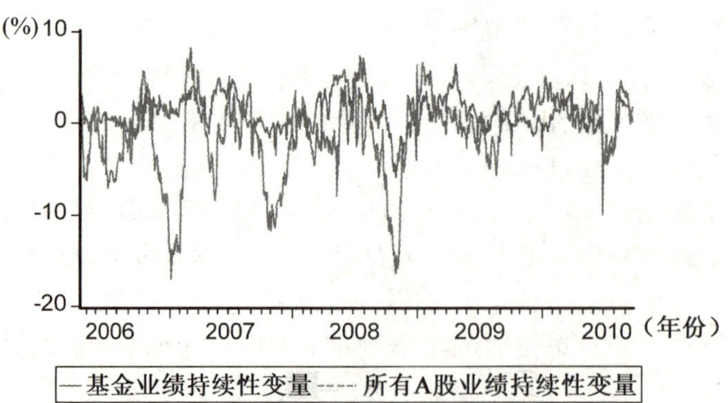

图 6-1 3 月/3 月策略的基金和所有 A 股业绩持续性变量

对3月/3月策略的基金业绩持续性和所有A股业绩持续性变量进行ADF检验，发现基金业绩持续性的t值为-4.8092(P值为0.0004)和所有A股业绩持续性的t值为-4.4965(P值为0.0016)，都拒绝原假设，即数据是平稳的。所以，基金业绩持续性变量与所有A股业绩持续性变量一起可建立均值方程。

首先，建立基金业绩持续性变量对所有A股业绩持续性变量的当期以及滞后5个工作日、滞后10个工作日、滞后15个工作日、滞后20个工作日、滞后25个工作日、滞后30个工作日、滞后35个工作日、滞后40个工作日、滞后45个工作日、滞后50个工作日、滞后55个工作日、滞后60个工作日和滞后65个工作日的White异方差系数稳健均值方程。剔除回归系数P值大于0.1的，直到所有系数的P值都小于0.1，得到(6-4)式。其中，R为基金业绩持续性变量，r为所有A股业绩持续性变量。对(6-4)式的残差进行ARCH的LM检验，发现P值为0，拒绝原假设，即存在条件异方差。对EGARCH模型的残差及残差的平方进行Q检验，发现υ_t是独立同分布的白噪声过程，υ_t^2不存在自相关，故模型的建立是合适的。

$$\underset{(0.0693)}{R_t = 1.3131} + \underset{(0.0155)}{0.1573 r_t} + \underset{(0.0254)}{0.0573 r_{t-55}} + \underset{(0.0309)}{0.0584 r_{t-60}} - \underset{(0.0247)}{0.0544 r_{t-65}} \tag{6-4}$$

对(6-4)式的残差建立EGARCH模型，得到(6-5)式。

$$\underset{(0.0242)}{R_t = 1.0897} + \underset{(0.0107)}{0.1244 r_t} + \underset{(0.0104)}{0.0713 r_{t-55}} + \underset{(0.0113)}{0.0113 r_{t-60}} - \underset{(0.0122)}{0.0433 r_{t-65}} \tag{6-5}$$

$$\underset{(0.0688)}{\ln h_t = -0.8065} + \underset{(0.1085)}{1.1528 |\upsilon_{t-1}|} + \underset{(0.0611)}{0.0177 \upsilon_{t-1}} + \underset{(0.0374)}{0.7481 \ln h_{t-1}}$$

从(6-5)式中，发现基金的业绩持续性变量和同时刻的股市业绩持续性变量存在正相关，表明股市存在追涨的行为，当新信息来临后，基金有更强的市场分析能力和投资机会捕捉能力，当基金购买好的股票后其价格上升，进一步吸引投资者购买，在未实现盈利目标和信息充分反应在股价之前基金不会退出，基金的业绩也得以持续。前55个至60个工作日可能是在此期间信息的作用充分反应在股价上或者是基金实现投资目标的时限，此后基金业绩与前65个工作日的股票业绩持续性出现负相关，这是因为基金在投资目标实现后或者恐跌心理的作用下，采用反转策略，卖出65个工作日前买入的股票(股票业绩在3个月后也确实出现了反转)，基金通过卖出操作实现盈利、落袋为安。从整体上看，基金业绩持续性源于在55个至60个工作日投资者对于信息的反应不足、追涨心理和基金之后的反转操作。

（三）基金业绩持续性的 AR-GARCH 模型、AR-EGARCH 模型和 AR-EGARCH-M 模型

由于基金业绩存在持续性，考虑其当期和滞后期以及对波动性风险补偿的关系，建立 AR-GARCH、AR-EGARCH 和 AR-EGARCH-M 模型，并进一步建立基于 Bootstrap 法的模型，分析业绩持续性的 *VaR*。最后，考虑牛市和熊市背景下，对利好利空消息的反应程度和 *VaR* 的不同影响。

在图 6-2 中，3 月/3 月策略的基金业绩持续性具有收益率聚类现象。对 3 月/3 月策略的基金业绩持续性进行 ADF=3 检验，发现 RHO 和 TAU 的 *P* 值都小于 0.01，所以数据是平稳的，可以建立 AR 等模型。3 月/3 月策略的基金业绩持续性的自相关系数和偏自相关系数，见图 6-3 和图 6-4。自相关系数具有“托尾”现象，而偏自相关系数是 7 步截尾的，故考虑建立 AR 模型，最大的滞后阶数为 7。分别建立 3 月/3 月策略的基金业绩持续性的 AR(1)模型、AR(2)模型、AR(3)模型、AR(4)模型、AR(5)模型、AR(6)模型和 AR(7)模型，其 *AIC* 值分别是 2820.005、2737.929、2722.569、2721.643、2723.585、2724.456 和 2717.879，*BIC* 值分别是 2829.949、2752.844、2742.456、2746.502、2753.415、2759.257 和 2757.653。选择 *AIC* 和 *BIC* 最小的阶数建立 AR 模型，由于这两种方法难以比较其优劣，而 *BIC* 对自由度的惩罚严于 *AIC*。本章为了更好地考察滞后变量间的关系，考虑使用 *AIC* 准则，建立异方差稳健型系数的 AR(7)模型，剔除回归系数 *P* 值大于 0.1 的滞后变量，直到所有回归系数 *P* 值小于 0.1，得到(6-6)式，回归的调整 R^2 为 0.8282。

$$R_t = 0.0603 + 0.6164R_{t-1} + 0.1887R_{t-2} + 0.1146R_{t-3} - 0.0711R_{t-6} + 0.0947R_{t-7} \quad (6\text{-}6)$$
$$(0.0329)\ (0.0815)\quad (0.0633)\quad (0.0475)\quad (0.0345)\quad (0.0335)$$

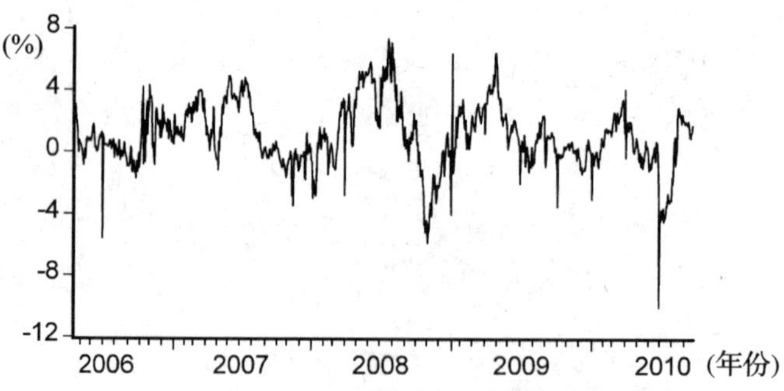

图 6-2 3 月/3 月策略的基金业绩持续性

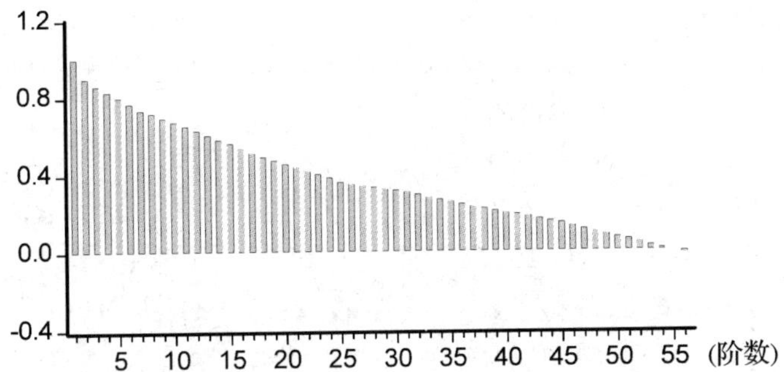

图 6-3　3 月/3 月策略的基金业绩持续性的自相关系数

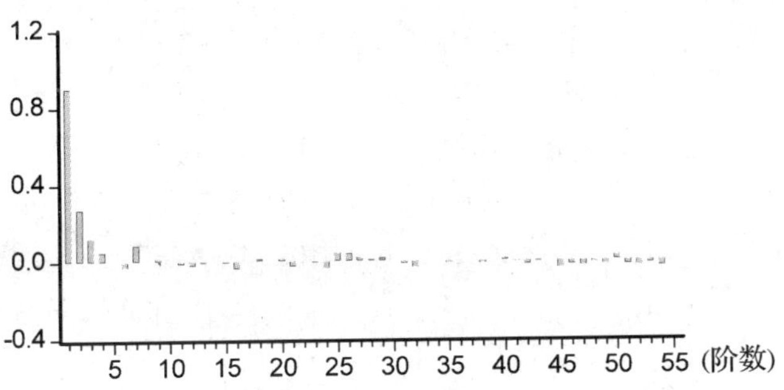

图 6-4　3 月/3 月策略的基金业绩持续性的偏自相关系数

对(6-6)式进行 ARCH 的 LM 检验，F 值为 51.97，P 值小于 0.01，所以拒绝原假设，即存在条件异方差，对残差建立 GARCH(1，1)模型、EGARCH(1，1)模型和 EGARCH(1，1)-M 模型，见(6-7)式、(6-8)式和(6-9)式。

AR(7)-GARCH(1，1)见(6-7)式。

$$R_t = 0.0473 + 0.7972R_{t-1} + 0.0496R_{t-2} + 0.0630R_{t-3} - 0.0500R_{t-6} + 0.0881R_{t-7} \quad (6\text{-}7)$$

(0.0281) (0.0504)　(0.0352)　(0.0141)　(0.0287)　(0.0270)

$$h_t = 0.4467 + 0.4914\varepsilon_{t-1}^2 - 0.0321h_{t-1}$$

(0.0987) (0.2441)　(0.0197)

AR(7)-EGARCH(1，1)模型见(6-8)式。

$$R_t = 0.0064 + 0.8579R_{t-1} - 0.0397R_{t-2} + 0.0902R_{t-3} - 0.0425R_{t-6} + 0.0929R_{t-7} \quad (6\text{-}8)$$

(0.0226) (0.0366)　(0.0525)　(0.0433)　(0.0249)　(0.0220)

$$\ln(h_t) = -0.5539 + 0.5323|v_{t-1}| - 0.0868v_{t-1} + 0.6249ln(h_{t-1})$$

(0.0551)　(0.0443)　(0.0234)　(0.0470)

AR(7)-EGARCH(1，1)-M 模型见(6-9)式。

$$R_t = -0.2427 + 0.3729h_t + 0.8427R_{t-1} - 0.0135R_{t-2} + 0.0834R_{t-3} -$$
$$(0.2091) \quad (0.2480) \quad (0.0569) \quad (0.0523) \quad (0.0364)$$
$$0.0373R_{t-6} + 0.0844R_{t-7} \tag{6-9}$$
$$(0.0314) \quad (0.0324)$$
$$\ln(h_t) = -0.5600 + 0.5268|v_{t-1}| - 0.0683v_{t-1} + 0.6192ln(h_{t-1})$$
$$(0.0745) \quad (0.1087) \quad (0.0809) \quad (0.0879)$$

对 3 月/3 月策略的基金业绩持续性的 AR(7)-GARCH(1，1)模型、AR(7)-EGARCH(1，1)模型和 AR(7)-EGARCH(1，1)-M 模型的 v_t 和 v_t^2 进行 Q 检验，发现 v_t 是独立同分布的白噪声过程、v_t^2 不存在自相关，上述三个模型的建立是合理的。

3 月/3 月策略的基金业绩持续性的 AR(7)-GARCH(1，1)模型、AR(7)-EGARCH(1，1)模型和 AR(7)-EGARCH(1，1)-M 模型，都表明基金业绩持续性与滞后 1 个工作日的基金业绩持续性存在正相关，系数在 0.8 左右。相比与其他滞后期数，滞后 1 个工作日的基金业绩持续性对当期基金业绩持续的作用在规模上最大，是其他滞后变量作用的 10 倍左右。具体来看，AR(7)-GARCH(1，1)的调整 R^2 为 0.8216，滞后 1 个工作日的基金业绩持续性对当期基金业绩持续性有正效应且效应最大。滞后 6 个工作日有明显的负效应，但效应规模不大。AR(7)-EGARCH(1，1)的调整 R^2 为 0.8156，滞后 1 个工作日的基金业绩持续性依然对当期基金业绩持续性有最大的正效应，但滞后 2 个和 6 个工作日有较小作用的负效应。$\gamma = -0.0868 < 0$，表明同等程度的正扰动比负扰动引起的方差变化小，利空消息对基金业绩持续性的影响更大，即：当上一期业绩持续性较差时对下一期的影响大于上一期业绩持续性较好时。AR(7)-EGARCH(1，1)-M 的调整 R^2 为 0.8276，滞后 1 个工作日的基金业绩持续性依然对当期基金业绩持续性有最大的正效应，滞后 2 个和 6 个工作日有较小作用的负效应。基金业绩持续波动的方差会给基金业绩带来正效应，系数为 0.3729。而此时 $\gamma = -0.0683 < 0$，大于 AR(7)-EGARCH(1，1)的 γ。$\gamma < 0$，表明同等程度的正扰动比负扰动引起的方差变化小，利空消息对基金业绩持续性的影响更大，即当上一期业绩持续性较差时对下一期的影响大于上一期业绩持续性较好时的影响。

AR(7)-GARCH 模型对信息冲击是对称的。建立 3 月/3 月策略的基金业绩持续性的 AR(7)-EGARCH(1，1)模型和 AR(7)-EGARCH(1，1)-M 模型的信息冲击曲线，见图 6-5。当存在利空消息时，EGARCH 模型造成的波动大于 EGARCH-M 模型。相反，当存在利好消息时，EGARCH 模型造成的波动小于 EGARCH-M 模型。

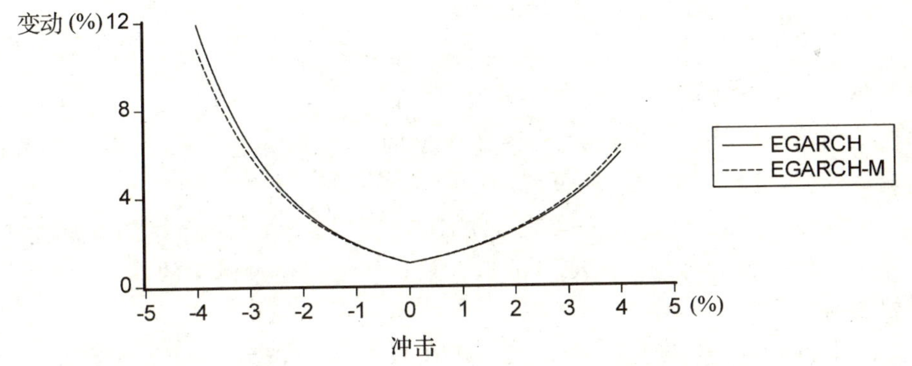

图 6-5　信息冲击曲线

从整体上来看，基金业绩持续性与滞后 1 个工作日的基金业绩持续性具有正相关。一方面，来源于股票市场上对信息的反应不足，新信息对于股票价格的影响逐步反应在股价上。因此，基金业绩与滞后 1 个工作日的基金业绩持续性具有影响效应最大的正相关性。另一方面，由于基金在投资分析能力和投资技巧上具有比较优势，当基金率先购买股票后，推高了股价，其他投资者追涨，进一步推高股价。在一定程度上加深了业绩持续性。股票市场的信息反应不足和投资者追涨行为，是我国基金业绩持续性的重要来源。同时，我国基金业绩持续性表现为利空消息造成的扰动比利好消息造成的扰动要大，因此，当基金在上一期表现较差时，需要更加谨慎对待。此外，有必要对牛市和熊市下的基金业绩持续性进行进一步研究。

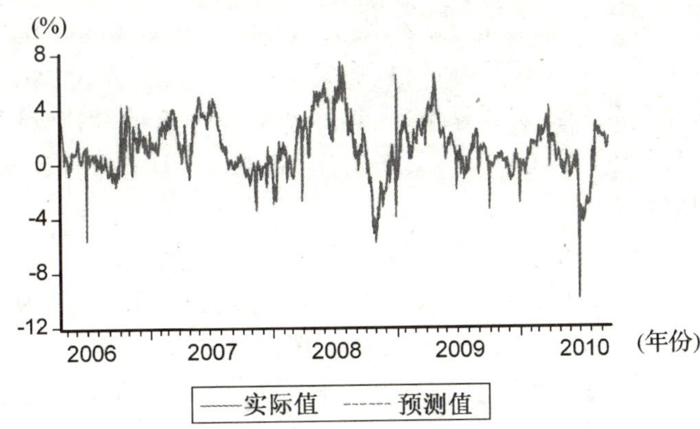

图 6-6　基金业绩持续变量和 AR(7)-EGARCH(1，1)静态预测值

均方根误差率 $RMSE=\sqrt{\frac{1}{m}\sum_{i=1}^{m}(\frac{|y_i-\hat{y}_i^f|}{|y_i|})^2}$，均方根误差率能考查模型是否很好地拟合转折点。AR(7)-GARCH(1，1)模型、AR(7)-EGARCH(1，1)模型和 AR(7)-EGARCH(1，1)-M 模型的均方根误差率 *RMSE*(根据静态预测值计算)分别为 22.90、19.23 和 17.85，AR(7)-EGARCH(1，1)-M 的拟合度最好。从图 6-6 中，可以发现 AR(7)-EGARCH(1，1)静态预测值对 3 月/3 月策略的基金业绩持续变量的拟合效果较好，但预测值的波动性略小于原始数据。

运用 Bootstrap 法建立 AR(7)-GARCH(1，1)模型、AR(7)-EGARCH(1，1)模型和 AR(7)-EGARCH(1，1)-M 模型，对这三个模型的预测能力进行对比，并分析三个模型估计的 *VaR* 风险价值。

具体方法如下：第一步，建立合适的 3 月/3 月策略基金业绩持续性的模型，估计 ε_t 和 h_t，计算 $z_t=\varepsilon_t/\sqrt{h_t}$。第二步，利用 Bootstrap 法从 z_t 样本中有放回地产生等样本数的新 z_t 样本，代入第一步的均值模型，计算得到新的因变量。第三步，用第二步得到的因变量和自变量再次回归，建立同样的模型，并估计参数和 h_t，并计算 99%置信水平下 $VaR=\hat{y}_t-2.3263\sqrt{h_t}$。第四步，重复第二、三步 100 次，再求出 $\hat{y}_t$ 和 *VaR* 均值。

基于 Bootstrap 法的 AR(7)-EGARCH(1，1)模型和 AR(7)-EGARCH(1，1)-M 模型的 γ 均值分别为−0.2974 和−0.2450。对 *P* 值小于 0.1 的 γ 平均数分别为−0.2771 和−0.2602，AR(7)-EGARCH(1，1)-M 模型的 γ 略大于 AR(7)-EGARCH(1，1)的 γ。相比于原方法，基于 Bootstrap 法的 γ 的绝对值较大。AR(7)-EGARCH(1，1)-M 模型的 λ 均值为 0.0228，同时绝大多数的 λ 并不显著(72 个 λ 不显著和 28 个 λ 显著)。基金业绩持续性和 99%置信水平下 EGARCH 模型的 *VaR*，见图 6-7。存在 15 个工作日的基金业绩持续性小于 *VaR* 的情况。

基于 Bootstrap 法的 AR(7)-GARCH(1，1)模型、AR(7)-EGARCH(1，1)模型和 AR(7)-EGARCH(1，1)-M 模型的均方根误差率 *RMSE* 分别是 24.90、24.43 和 30.12，比原方法的均方根误差率略大一点。但按照 Kupiec 失败频率检验，在 99%置信水平下的样本数为 1059 的期望失败天数为 4 天。*LR* 统计量为 $LR=2\ln[(1-N/T)^{T-N}(N/T)^N]-2\ln[(1-a)^{T-N}a^N]$。计算出基于 Bootstrap 法的 AR(7)-GARCH(1，1)模型、AR(7)-EGARCH(1，1)模型和 AR(7)-EGARCH(1，1)-M 模型的失败次数为 14 次、15 次和 10 次，*LR* 统计量都很小。而 AR(7)-GARCH(1，1)模型、AR(7)-EGARCH(1，1)

模型和 AR(7)-EGARCH(1，1)-M 模型的失败次数为 138 次、15 次和 15 次。AR(7)-GARCH(1，1)模型和 AR(7)-EGARCH(1，1)-M 模型的失败次数大于基于 Bootstrap 法的情况；AR(7)-EGARCH(1，1)模型的失败次数等于基于 Bootstrap 法的情况。相对来说，基于 Bootstrap 法的模型更加稳定。

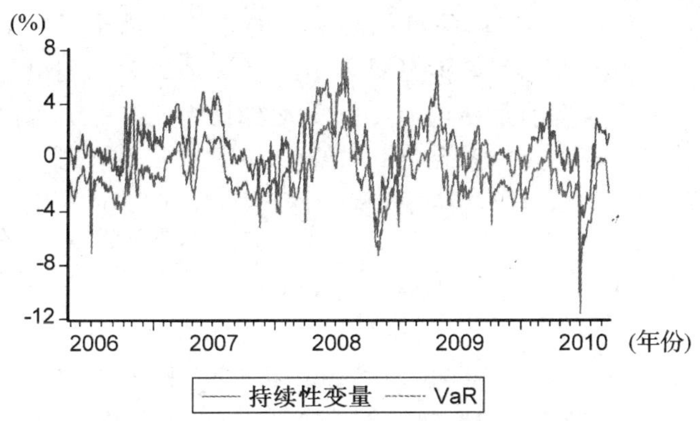

图 6-7　基金业绩持续性和 99%置信水平下基于 Bootstrap 的 EGARCH 模型的 *VaR*

(四)牛市和熊市下基金业绩持续性的信息反应分析

根据股市的持续涨跌，定义 2006 年 5 月至 2007 年 4 月为牛市，2007 年 11 月至 2008 年 10 月为熊市。在牛市和熊市中，各有 239 个和 241 个观测值。

对牛市下的基金业绩持续性进行单位根检验，发现牛市下基金业绩持续性数据是平稳的。根据自相关系数托尾、偏自相关系数为 7 步截尾，剔除 P 值大于 0.1 的回归系数的原则，取滞后 3 个工作日的基金业绩持续性进行回归。发现存在条件异方差，所以建立 AR(3)-EGARCH(1，1)模型，见(6-10)式。发现 υ_t 是独立同分布的白噪声过程、υ_t^2 不存在自相关，模型的建立是合理的。$\gamma=0.094$，表明同等程度的正扰动引起的方差变化比负扰动大，即在牛市中，对利好消息的反应比利空消息更加敏感。这是因为在牛市中，投资者比较乐观，当更多的利好消息出现时，投资者自我印证，更加相信牛市还会继续。而对于利空消息，投资者会感到疑惑，会怀疑信息，会相信利空消息只是暂时的，不大可能改变原有投资策略，所以对利空消息不敏感、反应不足。

$$R_t = 0.6941R_{t-1} + 0.1945R_{t-3} \qquad (6\text{-}10)$$

$$(0.0702) \qquad (0.0747)$$

$$\ln(h_t) = -0.3401 + 0.3458\left|\upsilon_{t-1}\right| + 0.094\upsilon_{t-1} + 0.6784ln(h_{t-1})$$

$$(0.0816) \qquad (0.0769) \qquad (0.0525) \qquad (0.1042)$$

对熊市下的基金业绩持续性，熊市下基金业绩持续性数据存在单位根。所以，建立基金业绩持续性和滞后1个工作日的回归模型，对残差进行ARCH检验，发现存在条件异方差，建立EGARCH模型，得到(6-11)式。发现υ_t是独立同分布的白噪声过程、υ_t^2不存在自相关，模型的建立是合理的。$\gamma=-0.1807$，表明同等程度的负扰动引起的方差变化比正扰动大。在熊市中，对利空消息的反应比利好消息更加敏感。这是因为在熊市中，投资者比较悲观，当更多的利空消息出现后，投资者自我印证，更加相信熊市还未见底。而对于利好消息，投资者会感到疑惑和怀疑，会相信利好消息只是暂时的，并不是股市见底了，不愿意贸然追涨，所以对利好消息不敏感、反应不足。

$$R_t = 0.9696R_{t-1} \tag{6-11}$$

$$(0.0180)$$

$$\ln(h_t) = -0.2477 + 0.1860\left|\upsilon_{t-1}\right| - 0.1807\upsilon_{t-1} + 0.5263ln(h_{t-1})$$

$$(0.1608) \quad (0.1399) \quad\quad (0.1025) \quad\quad (0.2736)$$

二、媒体作用与基金业绩持续性

随着网络的发展，获取信息的速度在加快、获取的成本也在不断降低。信息是影响投资者投资决策的重要因素，随着媒体等更加关注基金，基金业绩会受到怎样的影响？

具体来说，媒体对投资的作用有以下几点。第一，媒体通过降低获得信息成本的方式，扩大了投资者的信息集，更加有利于投资者做出最优投资决策。第二，媒体的大肆报道，吸引了投资的注意力。而投资者更愿意买入自己关注公司的基金。第三，媒体报道的信息，将随着其以往的可信度和报道方式对投资者情绪产生影响。乐观的投资者将推动基金收益进一步上涨。

在第三章中，已经证实了基金业绩持续性的存在。在第六章中，发现A股业绩在3个月的持有期中具有反转特性。基金可以通过持有上期表现好的股票，并在其出现业绩反转前卖出而实现盈利。在每个季末，基金会对其投资组合加以披露。“明星基金”和“明星基金”经理的持仓股票，会引发媒体关注，引起投资者的追捧。媒体的关注又会对基金的业绩持续性产生怎样的影响？

在本节中，首先对不同业绩表现的基金披露组合后，其持有股票(特别是前五大重仓持有的股票)的价格、持有量、换手率、现金流以及实现投资收益等变量进行分析，然后对组合披露引发媒体关注进行事件研究，最后对3月/1月策略的基金业绩持续性变量建立四因素扩展变量(增加是否公布投资组合的虚拟变量)的面板回归模型。本节选取 2006 年 1 月至 2011 年 3 月的开放式股票型基金累计收益率、持股比率以及相关股票交易信息，数据来源于国泰安(CSMAR)数据库，数据处理使用的是 SAS 9.1 软件。

(一)基金投资组合披露对基金的影响

《中华人民共和国证券投资基金法》要求基金对资产组合披露的最短周期为季度，在基金资产组合披露后，是否会对基金业绩以及业绩持续性产生影响？“明星基金”和“明星基金”经理的资产配置一直是媒体和投资者关注和模仿的焦点。在“明星基金”和“明星基金”经理的资产配置披露引发媒体关注后，将对基金持有的股票资产产生怎样的影响？对基金的业绩表现产生怎样的影响？

定义 2006 年 1 月至 2011 年 3 月的开放式股票型基金季末披露时间点为观测时间点，以基金持有的前五大重仓股为观测对象(剔除持有的非我国股票数据)。基金组合披露的公告日与季度末平均相距 49 天，最小相距 18 天，最大相距 91 天。所以，考虑基金组合的实际公告日比季末一般晚一个半月左右。

股票价格增长率为 $r_t=\frac{(P_t-P_{t-1})}{P_{t-1}}$，$P$ 为股票价格；换手率为 $exc_t=\frac{T}{S}\times 100\%$，$T$ 为交易量，S 为流通股数；持有量为基金的持股数量；3 个月后实现投资收益为季初股票持有量×季初股价－季末股票持有量×季末股价；下个季度现金流为 $Cashflow_t=TNA_t-TNA_{t-1}\times NAV_t/NAV_{t-1}$，$TNA$ 为净资产总额，NAV 为单位净值。将基金按照过去 3 个月的累积净值升序排列，最好的 30%组合称为 PH 组合，中间的 30%组合称为 PM 组合，最差的 30%组合称为 PL 组合，最好的 10%组合称为 P10 组合，最差的 10%组合称为 P1 组合。定义 P10 组合为“明星基金”。

基金组合披露的公告日一般为上季度一个半月后，基金组合披露对基金的影响见表 6-1。从整体上看，在下季度的第 1 个月、第 2 个月、第 3 个月及季度的股票价格增长率的算术平均值分别是 3.06%、0.24%、1.84 和 5.40%。在下季度的第 1 个月和第 2 个月的换手率平均值大于第 3 个月。基金对股票持有量在下个季末有明显的减仓行为，平均减仓量为 5875723。通过季度的减仓行为，实现投资收益 1.064 亿元，下季度现金流入为 3886.8791 万元。

表 6-1 基金组合披露对基金的影响 单位：%、股、元

		P1 组合	PL 组合	PM 组合	PH 组合	P10 组合	整个组合
股票价格增长率的算术平均	下季度第 1 个月	0.0322 (6.12)	0.0337 (11.80)	0.0291 (12.11)	0.0296 (9.85)	0.0394 (7.60)	0.0306 (19.48)
	下季度第 2 个月	0.0169 (2.79)	−0.0054 (−1.95)	0.0011 (0.46)	0.0121 (3.77)	−0.0262 (−5.52)	0.0024 (1.51)
	下季度第 3 个月	0.0210 (4.43)	0.0151 (6.16)	0.0184 (9.09)	0.0219 (8.58)	−0.0038 (−0.80)	0.0184 (13.85)
	下季度累计收益	0.0732 (6.82)	0.0453 (8.86)	0.0523 (11.61)	0.0650 (11.46)	0.0091 (1.00)	0.0540 (18.52)
换手率的算术平均	下季度第 1 个月	32.36 (35.88)	27.73 (64.03)	29.24 (80.16)	30.46 (68.05)	25.86 (29.94)	29.16 (123.00)
	下季度第 2 个月	32.74 (33.34)	28.25 (60.32)	29.09 (75.81)	30.57 (60.49)	26.07 (30.65)	29.28 (113.99)
	下季度第 3 个月	30.08 (36.50)	26.00 (63.61)	27.26 (79.41)	28.08 (68.03)	24.29 (30.97)	27.13 (122.30)
持有量平均值	下季度初	8554744 (17.05)	15431953 (32.76)	14608747 (42.67)	10901288 (30.13)	16115959 (16.35)	13771649 (61.18)
	下季度末	5585361 (12.01)	8594570 (21.84)	8220446 (29.01)	6715899 (21.89)	8945992 (11.20)	7892675 (42.10)
	减仓量	2969383 (7.97)	6824995 (20.23)	6388301 (24.45)	4185389 (15.68)	7123811 (9.81)	5875723 (35.30)
	下季度末实现投资收益	59569558 (8.10)	110294072 (24.67)	117214260 (28.46)	86925733 (19.26)	102695226 (11.19)	106424211 (42.07)
	下季度现金流	−117210522 (1.28)	−143301157 (−2.48)	57285226 (0.66)	189813808 (2.21)	507049030 (3.21)	38868791 (0.82)

注：括号内的数值为 t 值。

对 PH 组合、PM 组合和 PL 组合进行比较分析，PH 组合持有股票的下季度累计收益 6.50%大于 PM 组合和 PL 组合的 5.23%和 4.53%。PH 组合、PM 组合和 PL 组合的下季度持有股票收益率呈现先骤降、后缓升的特点，在下季度和第 2 个月的换手率平均值大于第 1 个月和第 3 个月的。这可能是因为股票和基金的公告逐步发布，引发市场关注的缘故。

“明星基金”组合披露公告日的中位数为 26 日，远小于整个样本的 45 日。持有股票的平均换手率远低于整个样本区间值，说明“明星基金”善于发现没有被人为炒作的股票。随着“明星基金”陆续披露基金组合，媒体关注将这一信息放大，所以基金持有股票的收益率也呈现出第 1 个月大于其他组合的情

况。但是，当“明星基金”在其重仓持有的股票引发媒体关注后，并进一步引发投资者关注和模仿时，卖出股票和实现其投资组合的收益率是最优的策略，所以开始减少持有量，改变投资组合。而被引发关注的投资者仍然有买入，但未能避免跌势。但是，P1 组合持有的组合在下个季度具有最好的收益，在一定程度上让表现最差的基金业绩表现出一定程度上好转。

“明星基金”的平均股票持有量远大于 PH 组合、PM 组合、PL 组合和 P1 组合，表明“明星”基金的分散度小于其他组合，同时季度减仓量也是这些组合中最大的。而 P1 组合的平均股票持有量远小于其他组合，基金分散程度大也造成基金的业绩和市场回报接近，这可能与其对自身投资能力不自信有关。

“明星基金”在下季度末实现的投资收益与整个组合差不多，但是 P1 组合实现收益较少，可能是因为其较少地改变组合。PH 组合、PM 组合和 PL 组合的现金流入随业绩减少，分别为 18981.3808、5728.5226 和－14330.1157 万元。业绩较差的组合承受着很大的赎回压力，这也表明基金投资业绩确实对基金发展起了很好的约束和激励作用。

(二)“明星基金”组合披露引发关注的事件研究

对 2006 年至 2010 年的开放式股票型基金组合披露进行事件分析，由于第 2 和第 4 季度的公告日距季末在 2 个月以上，故仅考虑存在 1 个月左右时滞的第 1 和第 3 季度基金组合披露事件。“明星基金”组合披露具有很好的媒体关注和投资者效仿，所以使用业绩位于前 10% 的基金进行分析，共计 119 个有效事件，存在 1 个月左右的公布时滞。

估计窗为基金组合披露前 15 日，事件窗为基金组合披露后 20 个工作日(含基金组合披露当天)，估计模型为三因素模型(6-12)。

$$r_{it}=\alpha_i+\beta_{iM}RMRF_t+\beta_{iSMB}SMB_t+\beta_{iHML}HML_t+e_{it} \tag{6-12}$$

单个组合披露事件的异常收益 $AR_{it}=r_{it}-E(r_{it})$。当使用的是三因素模型时，则此时的异常收益为(6-13)式。其中，$t=0, \cdots, 20$。

$$AR_{it}=r_{it}-\hat{\alpha}_i-\hat{\beta}_{iM}RMRF_t-\hat{\beta}_{iSMB}SMB_t-\hat{\beta}_{iHML}HML_t \tag{6-13}$$

在 $t=0\sim20$ 个工作日时的日平均异常收益 AAR(有 119 个样本事件)为：

$$AAR_t=\frac{1}{N}\sum_{i=1}^{N}AR_{it} \tag{6-14}$$

第 0 日至第 τ 日($\tau=0, \cdots, 20$)的累积平均异常收益率为：

$$CAAR_\tau=\sum_{t=0}^{\tau}AAR_t \tag{6-15}$$

“明星基金”组合披露后的 AAR 和 $CAAR$，见图 6-8。在“明星基金”公布组合的当日存在正的异常收益，但是在接下来的 9 天里存在较大的负异常收益，但是从第 9 天后存在正异常收益，累积平均异常收益率也为正数。通过股票型基金组合披露事件研究，可以发现组合披露后在一定程度上可以给基金带来正收益。

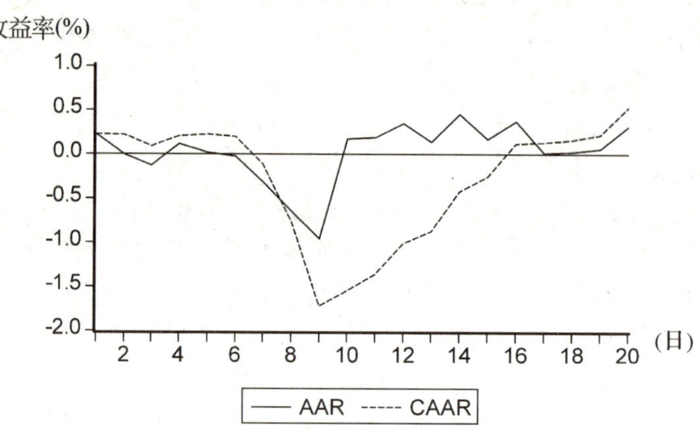

图 6-8 "明星基金"组合披露后的 AAR 和 CAAR

(三)媒体关注对基金业绩持续性的影响

定义 *RANK*1 和 *RANK*2 为基金在该季度 3 个月累计收益率的排名。当处于 PH 组合，则 *RANK*1 为 2；当处于 PM 组合，则 *RANK*1 为 1；当处于 PL 组合，则 *RANK*1 为 0。*RANK*2 为当基金业绩十等分后，最差的组合定义为 P1 组合，最好的组合定义为 P10 组合，P1 组合至 P10 组合的 *RANK*2 值依次为 0、1、2、3、4、5、6、7、8 和 9。*Announce*1 和 *Announce*2 为基金披露组合的虚拟变量。基金一般在季末的一个半月后披露资产组合(持股情况)，所以当季末两个月后 *Announce*1 为 1，否则为 0。*Announce*2 为距离公布组合的时间间隔，公布组合的当月的值为 0。基金收益率为基金的月累计收益率，基金超额收益为月累计收益率与银行一年期定期的月化收益的差。Resset(锐思)数据库提供的 Fama-French 模型使用的三因素流通市值变量 *RMRF*、*SMB* 和 *HML* 的月度数据。*PR6MN* 是将所有 A 股按照 3 个月持有期收益升序排列后，前 30%与后 30%在接下来 3 个月的月均收益的差。基金超额收益对 *RMRF*、*SMB*、*HML*、*PR6MN*、*RANK*1、*RANK*2、*Announce*1 和 *Announce*2 分别建立固定效应面板回归模型，见表 6-2。

表 6-2　建立基金组合披露对基金业绩影响的固定效应面板回归模型

	模型 1	模型 2	模型 3	模型 4	模型 5	模型 6	模型 7
RMRF	0.6230*** (112.42)	0.6232*** (112.54)	0.6233*** (112.54)	0.6227*** (112.48)	0.6214*** (112.10)	0.6230*** (112.59)	0.6216*** (112.22)
SMB	0.0710*** (7.72)	0.0718*** (7.81)	0.0718*** (7.81)	0.0672*** (7.33)	0.0645*** (7.00)	0.0685*** (7.42)	0.0653*** (7.09)
HML	0.0683*** (14.33)	0.0686*** (14.41)	0.0686*** (14.41)	0.0683*** (14.36)	0.0649*** (13.60)	0.0687*** (14.44)	0.0653*** (13.68)
PR6MN	−0.3955*** (−13.06)	−0.3963*** (−13.10)	−0.3964*** (−13.10)	−0.3808*** (−12.49)	−0.3907*** (−12.90)	−0.3817*** (−12.53)	−0.3916*** (−12.94)
RANK1		0.2333*** (3.33)					
RANK2			0.0627*** (3.29)			0.0626*** (3.29)	0.0628*** (3.30)
Announce1				0.4291*** (3.91)		0.4284*** (3.90)	
Announce2					−0.2669*** (−4.52)		−0.1660*** (−2.55)
R^2	0.7057	0.7062	0.7062	0.7064	0.7078	0.7068	0.7082

注：括号内的数值为 t 值。***、** 和 * 分别代表 1%、5%和 10%的显著性水平。

从表 6-2 发现，四因素拓展面板回归模型的 R^2 都在 70%左右，模型具有较好解释力。基金超额收益与 *RMRF*、*SMB* 和 *HML* 呈正相关，与 3 月/3 月策略的股票业绩持续性呈反向关系。在模型 2 和模型 3 中，加入基金业绩变量，发现存在正相关。在模型 4 和模型 5 中，加入基金披露组合的虚拟变量后，模型解释力略微增加。*Announce*1 的系数为正数，表明在基金披露组合的当月对基金的业绩有正效应。*Announce*2 的系数为负数，表明在组合披露时，基金业绩也随之上升。

通过建立基金组合披露对基金业绩影响的固定效应面板回归模型，表明我国存在媒体关注效应，在基金公布组合后，会引发媒体和投资者的关注，引发投资者的模仿，从而推高基金持有的重仓股的价格，实现基金业绩的进一步上升。而“明星基金”更容易引起投资者的模仿，更在一定程度上也加强了业绩持续性。

“明星基金”可以把其公布基金组合作为一种重要策略。当“明星基金”发现好的投资机会时，并不担心其购入资产再次出售时会因缺乏流动性而不好卖。当“明星基金”公布基金组合后，会引发市场关注和投资者模仿，“明星基金”很容易就能把引发投资者关注的资产卖出，甚至还能因为引发关注而进一步推高收益，这增强了我国股票型基金业绩持续性。所以，应当对媒体信息的有效性进行进一步的监管，保证信息的真实和有效性，避免媒体关注成为不法牟利的手段。

三、结论与建议

本章从反应不足和反应过度以及媒体作用两个角度，对基金业绩持续性进行研究分析。采用 Bootstrap 法解决了当样本数太小而总体样本太大或者数据有限时，用样本估计整体有失偏颇的问题。与蒙特卡罗模拟不同的是，Bootstrap 法并不是随机产生新的数据，而是利用已知的独立同分布的样本，采用有放回的抽样来产生伪随机过程，运用的是实际数据信息。

建立基金业绩持续性和股票业绩持续性的 EGARCH 模型，研究基金业绩持续性和股票业绩持续性的关系。发现基金的业绩持续性和同时刻的股市业绩持续性存在正相关，表明股市存在追涨的行为。当新信息来临后，基金有更强的市场分析能力和投资机会捕捉能力，当基金购买好的股票后其价格上升，进一步吸引投资者购买，在未实现盈利目标和信息充分反应在股价之前基金不会退出，基金的业绩也得以持续。前 55 个至 60 个工作日可能是在此期间信息的作用逐步充分反应在股价上或者是基金投资目标的时限，此后基金业绩与前 65 个工作日的股票业绩持续性出现负相关，这是因为基金在投资目标实现后或者恐跌心理的作用下，采用反转策略，卖出 65 个工作日前买入的股票，股票业绩在 3 个月后确实也出现了反转，此时基金通过卖出操作实现盈利，而且可以落袋为安。从整体上来看，基金业绩持续源于在 55 个至 60 个工作日投资者对于信息的反应不足、追涨心理和基金之后的反转操作。

建立基金业绩持续性的 AR-GARCH、AR-EGARCH、AR-EGARCH-M 模型，分析基金业绩持续性和滞后变量间的关系、对利好和利空信息的反应程度等。基金业绩持续性与滞后 1 个工作日的基金业绩持续性具有正相关。一方面，来源于股票市场上对信息的反应不足，新信息对于股票价格的影响逐步反应在股价上。因此，基金业绩与滞后 1 个工作日的基金业绩持续性具有影响效应最大的正相关性。另一方面，由于基金在投资分析能力和投资技巧上具有比较优势，当基金率先购买股票后，推高了股价，其他投资者追涨，进一步推高股价。在一定程度上加深了业绩持续性。股票市场的信息反应不足和投资者追涨行为，是我国基金业绩持续性的重要来源。同时，我国基金业绩持续性表现为利空消息造成的扰动比利好消息造成的扰动要大，因此，在基金上一期表现较差时，需要更加谨慎对待。

通过对比均方根误差率，发现 AR(7)-EGARCH(1，1)静态预测值对 3 月/3 月策略的基金业绩持续变量的拟合效果较好，但预测值的波动性略小于原始数据。基于 Bootstrap 法的 *RMSE* 比原方法略大、但 *VaR* 比原方法更加有效。

在牛市中，对利好消息的反应比利空消息更加敏感。这是因为在牛市中，投资者比较乐观，当更多的利好消息出现时，投资者自我印证，更加相信牛市还会继续。而对于利空消息，投资者会感到疑惑，会怀疑信息，会相信利空消息只是暂时的，不大可能改变原有策略，所以，对利空消息不敏感、反应不足。在熊市中，对利空消息的反应比利好消息更加敏感。这是因为在熊市中，投资者比较悲观，当更多的利空消息出现后，投资者自我印证，更加相信熊市还未见底。对于利好消息，投资者会感到疑惑和怀疑，会相信利好消息只是暂时的，并不是股市见底了，不愿意贸然追涨，所以对利好消息不敏感、反应不足。

“明星基金”和“明星基金”经理的资产配置也是媒体和投资者关注和模仿的焦点，定义最好的 10％组合为“明星基金”。基金投资组合的媒体关注会对基金业绩产生影响。基金组合的实际公告日大概比季末晚一个半月。“明星基金”组合披露公告日在整体上比其他基金偏早，持有被人较少炒作的股票。当其重仓持有的股票引发媒体和投资者关注后，再卖出来实现其投资组合收益。“明星基金”重仓持有股票的分散程度较小，P1 组合的分散程度较大。基金现金流入随业绩减少，业绩较差的组合承受着很大的赎回压力，这也表明基金投资业绩确实对基金发展起了很好的约束和激励作用。通过股票型基金组合披露事件研究，可以发现组合披露后，确实在一定程度上可以给基金带来正收益。

通过建立基金组合披露对基金业绩影响的固定效应面板回归模型，发现在基金披露组合的当月对基金的业绩有正效应；在组合披露后，基金业绩也随之上升。这表明我国存在媒体关注效应，在基金公布组合后，会引发媒体和投资者的关注，引发投资者的模仿，从而推高基金持有的重仓股价格，实现基金业绩的进一步上升。“明星基金”更容易引起投资者的模仿，更在一定程度上加强了业绩持续性。“明星基金”可以把其公布基金组合作为一种重要策略。当“明星基金”发现好的投资机会时，并不担心其购入资产再次出售时会因缺乏流动性而不好卖。当“明星基金”公布基金组合后，会引发市场关注和投资者模仿，“明星基金”很容易就能把引发投资者关注的资产卖出，甚至还能因为引发关注而进一步推高收益。

总之，媒体对于优秀的基金公司、基金经理、基金投资策略的报道，将影响投资者的注意力和情绪，在一定程度上推高基金净值。而报道的重要数据来源就是过去的基金业绩、组合配置等，所以媒体关注也在一定程度上导致我国基金业绩的持续性。应当对媒体信息的有效性进行进一步的监管，保证信息的真实和有效性，避免媒体关注成为不法牟利的手段。

第七章　羊群行为、基金经理投资行为与基金业绩持续性

在第六章中，已经从反应不足和媒体关注两个角度对基金业绩持续性进行了诠释。在本章中，将考查基金业绩持续性和羊群行为以及基金经理投资行为的关系。

相对于股票市场，基金由于其跨市场分散化投资、收益波动性较小，便于风险规避投资者选择。同时，基金由于其专业的研究团队、基金经理投资经验和对市场全面信息的把握，能做出更加有利的投资决策，有利于有效市场实现。但由于基金的信息集同质、风格相似等原因，而表现出了一定的羊群行为。羊群行为是受投资情绪影响的行为，指在信息不完全、未来不确定的条件下，投资者原本打算投资一个项目，在得知其他投资者不投资时放弃投资的行为；投资者原本打算不投资一个项目，在得知其他投资者投资时进行投资的行为。羊群行为的存在可能会造成资产价格的波动加剧、放大市场波动。我国基金业绩持续性是否与羊群行为有关？业绩好的基金是以在低位共同买入、在高位共同卖出来实现其优秀业绩？

我国基金公司治理实行的是公司制，即基金的股东并不是投资者，而是基金管理公司。此时，基金管理公司、基金经理和投资者之间存在“双重代理矛盾”。基金管理公司追求利润最大化(管理费等)，基金经理追求管理资产规模、报酬和升迁机会最大化，投资者追求自身回报最大化。基金经理投资行为主要涉及基金经理投资决策能力以及择时能力等。因此，基金经理投资行为对于投资业绩会起很大作用。基金业绩压力、更换基金经理、基金经理的投资行为又会对基金业绩持续性产生怎样的影响？

本章的创新点在于：第一，从羊群行为的角度对开放式股票型基金业绩持续性进行研究，将基金经理行为和开放式股票型基金业绩持续性的研究相结合，拓展了基金业绩持续性研究的广度和深度。第二，采用羊群行为的三种重要方法——LSV法、CH法和CSAD法，从交易信息和股价分散度的角度全面分析羊群行为和基金业绩持续性的关系。第三，考虑业绩差异、当期持有股票涨跌差异和不同市场环境下投资者情绪差异对羊群行为的作用，进而影响业绩持续性。第四，发现我国基金在买入股票上并不存在联手坐庄的行为，但是存在较强的卖出股票的羊群行为。第五，发现基金经理更换后的

业绩与更换前的业绩有关联。第六，认为由前期业绩压力而造成输者组合盲目承担风险是业绩持续性的来源。第七，通过对不同业绩表现的基金组合择时能力和折股能力的分析，认为业绩持续性源于折股能力。

一、羊群行为与基金业绩持续性

在本节中，重点考察羊群行为对基金业绩持续性的影响。首先具体介绍研究羊群行为的三种重要方法(LSV 法、CH 法和 CSAD 法)，然后对按照基金业绩和基金规模分组以及基金业绩和本期持股的涨跌情况分组，采用 LSV 法从交易信息角度进行研究。最后，采用 CH 法和 CSAD 法从股价分散度角度出发进一步研究。

(一)研究方法——LSV 法、CH 法和 CSAD 法

研究羊群行为主要有 LSV 法、CH 法和 CSAD 法。其中，LSV 法是从交易信息角度出发，而 CH 法和 CSAD 法是从股价分散度角度出发。

Lakonishok、Shleifer 和 Vishny(1992)提出了 LSV 法，使用 $HM(it)$来衡量羊群行为。定义 $HM(it)=|B(it)/(B(it)+S(it))-p(t)|-AF(t)$。其中 $B(it)$是在 t 时刻所位于的半年中通过买入股票 i 而增加持股量的基金数目；$S(it)$是在 t 时刻所位于的半年中通过卖出股票 i 而减少持股量的基金数目；$p(t)$是在 t 时刻所位于的半年中买入股票的行为占整个交易行为的期望。$N(it)=B(it)+S(it)$，$AF(t)$为调整因子。在没有羊群行为的条件下 $|B(it)/(B(it)+S(it))-p(t)|$大于 0，所以 $AF(t)=E\mid B(it)/(B(it)+S(it))-p(t))\mid$ 的值，也不一定就等于 0。因为 $B(it)$服从参数为($N(it)$，$p(t)$)的伯努利分布，所以将伯努利分布的概率代入即可算出 AF 值。最后，HM 为 $\sum_{t=1}^{T}\sum_{i=1}^{N_t}HM(it)/\sum_{t=1}^{T}N_t$。当 HM 显著地不等于 0 时，则基金市场表现出显著的羊群行为。Wermers(1999) 在 LSV 法的基础上提出了买入和卖出羊群行为指标，$BHM(it)=H(it)\mid(B(it)/N(it))>p(t)$ 和 $SHM(it)=H(it)\mid(B(it)/N(it))<p(t)$。

Christie 和 Huang(1995) 提出 CH 法，定义收益率的分散度 $S=\sqrt{\sum_{i=1}^{n}(r_i-\bar{r})^2/(n-1)}$。其中，$r_i$为特定 i 的收益率，$\bar{r}$ 为市场组合收益率。建立线性回归模型 $S_t=\alpha+\beta_1 D_t^L+\beta_2 D_t^U+\varepsilon_t$，$D_t^L$ 和 D_t^U 为虚拟变量。当在 t 时刻的组合收益位于收益分布的低极端值的左边时 $D_t^L=1$，否则 $D_t^L=0$。当在 t 时刻的组合收益位于收益分布的高极端值的右边时 $D_t^U=1$，否则 $D_t^U=0$。当

β_1和β_2均为正值或者β_1和β_2均为负值时，则存在羊群行为。

Chang、Cheng 和 Khorana(2000)深化了 CH 法后提出 CSAD 法，采用横截面收益绝对差和市场回报及其平方的非线性回归分析。CSAD 为$\sum_{i=1}^{n}|r_{it}-\bar{r}|/n$，$r_i$为特定$i$的收益率，$\bar{r}$为市场组合收益率。根据股市行情下羊群行为可能存在的非对称性，建立牛市和熊市下的回归模型。$CSAD_t^{UP}=\alpha+\gamma_1^{UP}|r_{m,t}^{UP}|+\gamma_2^{UP}(r_{m,t}^{UP})^2+\varepsilon_t$，$CSAD_t^{DOWN}=\alpha+\gamma_1^{DOWN}|r_{m,t}^{DOWN}|+\gamma_2^{DOWN}(r_{m,t}^{DOWN})^2+\varepsilon_t$。当$\gamma_1^{UP}$和$\gamma_1^{DOWN}$均显著地大于 0、$\gamma_2^{UP}$和$\gamma_2^{DOWN}$显著地小于 0，说明 CSAD 和市场组合收益率存在非线性递增关系；或者γ_1^{UP}和γ_1^{DOWN}均显著地小于 0，说明 CSAD 和市场组合收益率存在非递增关系。这两种情况都说明显著羊群行为的存在。

对比 LSV 法、CH 法和 CSAD 法。LSV 法度量的是单个股票的买入力量与整个基金市场平均买入力量的偏离度，仅考虑了发生买入行为或卖出行为基金数量的影响，但没有考虑交易量的影响。CH 法是从股票收益率角度出发，认为当市场大幅波动时市场参与者会改变预期而认同市场信息，单个基金收益率应当紧密分布在市场组合收益率周围，从而表现出羊群行为，但 CH 法无法检测到市场小幅波动时的羊群行为，具有一定的局限性，而 CSAD 法解决了这一问题。

（二）数据说明

本节使用的是 2005 年至 2010 年上半年的开放型股票型基金半年数据。其中，开放型股票型基金的股票投资明细、基金资产总额(元)、基金的累计收益率(%)、股票的收盘价(元)等，来源于国泰安(CSMAR)数据库。本节数据处理使用的是 SAS 9.1 软件。开放型股票型基金的股票投资明细使用的是半年数据，是因为开放式股票型基金在 3 月和 9 月公布的是前十大重仓持股量，仅在 6 月和 12 月公布完整的持仓情况，所以仅使用半年数据(国泰安(CSMAR)数据库提供的半年持股数据仍然有遗漏，但对本节分析的影响有限)。本节仅考虑开放型股票型基金在购买本国股票时的羊群行为，所以剔除持有的港股、美股等国外股票。基金的累计收益率和单位净值增长率的区别是，前者考虑了基金的分红和分拆的影响。

2005 年至 2010 年上半年期间的开放型股票型基金的买入行为占总基金交易行为的 69.92%，从整体上看，买入行为多于卖出行为。2005 年至 2010 年上半年的半年内基金买入行为占总基金交易行为的比率，见图 7-1。在 2005 年至 2006 年平均买入行为占比为 55.33%，低于 2007 年至 2010 年上半年的 78.25%。

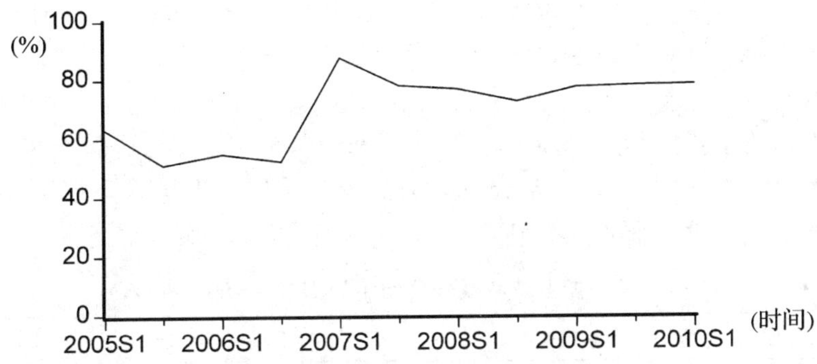

图 7-1　2005 年至 2010 年上半年的基金买入行为占总基金交易行为的比率

(三)基金业绩持续性和羊群行为的实证分析

对 2005 年至 2010 年上半年的月累计收益率进行 6 个月形成期、6 个月持有期的业绩持续性检验，将 t 时刻的基金前 6 个月(包括 t 时刻)累积收益率按照升序排序并等分为十组。每个组依次命名为 P1 组合、P2 组合、P3 组合、P4 组合、P5 组合、P6 组合、P7 组合、P8 组合、P9 组合和 P10 组合。P1 组合代表在 t 时刻前 6 个月内表现最差的组合(输者组合)，而 P10 组合代表在 t 时刻前 6 个月内表现最好的组合(赢者组合)。计算 t 时刻 P1 组合至 P10 组合的等权重后 6 个月的每月累计收益率和平均累计收益率，见图 7-2。P1 组合至 P10 组合的 6 月/6 月策略的平均累计收益率分别是 14.47%、15.50%、15.65%、16.40%、17.99%、16.38%、16.02%、16.83%、16.09% 和 17.45%，t 值分别是 4.08、4.43、4.51、4.60、5.11、4.27、4.57、4.56、4.78 和 4.81，在 1%显著水平下是显著的。赢者组合(P10 组合)和输者组合(P1 组合)的差是 2.98%，t 值是 1.88，P 值是 0.065，在 10%显著水平下是

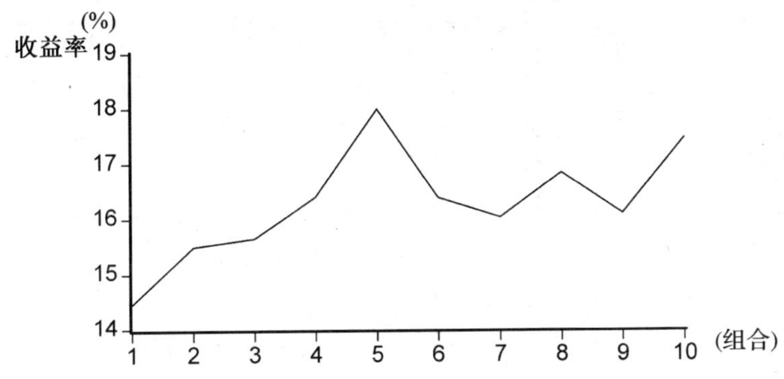

图 7-2　2005 年至 2010 年上半年 6 月/6 月策略的各组基金业绩收益率

显著的。也就是说，我国开放式股票型基金在6个月形成期、6个月持有期内是存在基金业绩持续性的。

按照上述计算基金业绩持续性的方法，可以计算出6月/3月和6月/6月策略下的股票业绩持续性分别是－2.96％和－3.50％。(收益率为3个月和6个月的累计收益率)。所以，基金可以通过反转策略，即买入上期表现差、卖出上期表现好的股票来实现盈利。

表7-1 前一期业绩和规模分组下的*HM*、*BHM*和*SHM*

		P	P1	P2	P3	P4	P5	P6	P7	P8	P9	P10
S	*HM*	0.1210	0.0918	0.0711	0.0632	0.0729	0.1042	0.0603	0.0908	0.1047	0.0310	0.0942
		(63.41)	(21.01)	(14.88)	(13.24)	(16.28)	(26.40)	(10.62)	(23.02)	(27.44)	(6.56)	(22.92)
	BHM	0.0898	0.0507	0.0544	0.0428	0.0382	0.0419	0.0452	0.0432	0.0502	0.0401	0.0334
		(55.26)	(22.03)	(22.78)	(20.40)	(22.16)	(22.40)	(21.21)	(21.00)	(23.16)	(21.68)	(22.47)
	SHM	0.2682	0.2279	0.1194	0.1661	0.1836	0.3524	0.1082	0.2679	0.3306	0.0225	0.3718
		(48.92)	(21.69)	(9.06)	(11.09)	(13.05)	(44.18)	(6.84)	(23.38)	(37.72)	(1.36)	(35.71)
S1	*HM*	0.0877	0.0260	0.0690	0.0740	0.0296	0.0821	0.0421	0.0418	0.0865	－0.0202	0.0622
		(30.67)	(4.84)	(9.59)	(11.76)	(3.67)	(14.87)	(6.44)	(6.52)	(14.26)	(－2.52)	(10.38)
	BHM	0.0687	0.0115	0.0270	0.0196	0.0159	0.0157	0.0212	0.0148	0.0175	0.0133	0.0113
		(34.85)	(4.20)	(14.00)	(11.03)	(10.33)	(10.75)	(10.05)	(8.39)	(11.61)	(7.36)	(10.12)
	SHM	0.1568	0.0636	0.2083	0.3132	0.1002	0.3145	0.0706	0.0957	0.4186	－0.0915	0.3045
		(17.79)	(4.64)	(8.86)	(15.41)	(3.42)	(23.06)	(3.88)	(4.13)	(26.14)	(－3.55)	(11.19)
S2	*HM*	0.1037	0.0721	0.0535	0.0160	0.0325	0.0914	0.0408	0.0567	0.0819	0.0599	0.0720
		(41.87)	(10.79)	(9.19)	(2.68)	(4.37)	(15.02)	(5.71)	(9.08)	(14.67)	(8.65)	(13.94)
	BHM	0.0786	0.0153	0.0219	0.0208	0.0141	0.0219	0.0238	0.0192	0.0192	0.0238	0.0133
		(40.51)	(10.07)	(11.37)	(10.64)	(10.28)	(11.70)	(14.13)	(11.53)	(11.27)	(11.54)	(11.39)
	SHM	0.2065	0.2672	0.1432	0.0164	0.1029	0.3276	0.1108	0.2189	0.4550	0.1879	0.3887
		(28.06)	(14.14)	(8.23)	(0.91)	(3.99)	(19.08)	(4.21)	(9.29)	(30.95)	(7.75)	(25.42)
S3	*HM*	0.1075	0.0919	0.0306	0.0339	0.0820	0.0962	0.0885	0.0899	0.0445	0.0466	0.1071
		(39.46)	(16.99)	(5.00)	(4.37)	(12.96)	(16.55)	(13.02)	(16.73)	(8.43)	(7.53)	(15.66)
	BHM	0.0742	0.0169	0.0156	0.0178	0.0162	0.0202	0.0305	0.0193	0.0070	0.0147	0.0174
		(35.15)	(9.74)	(9.29)	(10.97)	(10.35)	(11.84)	(12.89)	(10.09)	(3.26)	(8.87)	(11.88)
	SHM	0.2369	0.3465	0.0763	0.1583	0.3246	0.4389	0.2483	0.4356	0.2016	0.1719	0.5023
		(31.35)	(28.99)	(4.33)	(5.09)	(15.97)	(34.52)	(12.83)	(38.79)	(11.01)	(7.97)	(37.76)

注：括号内的数值为 t 值。

按照前一期业绩十等分和规模三等分分组下的*HM*、*BHM*和*SHM*，见表7-1。其中，基金业绩按照观测点所在半年的前半年收益升序排列后的十等分分组，规模按照观测所在半年的规模升序排列后的三等分分组。从整体上看，在2005年至2010年上半年期间的*HM*、*BHM*和*SHM*分别是12.10％、8.98％和26.82％，开放式股票型基金存在显著的羊群行为。相对于买入行为，卖出行为具有更强的羊群行为。这一点与我国股票市场在半年内存在反转效应有关，持有期越长、亏损也越多。当不考虑规模差异的情况下，赢者组合和输者组合的 *HM* 表明羊群行为的存在，但是输者组合在买入行为表现出更强的羊群行为(高 1.73%)，赢者组合在卖出行为表现出更强的羊群行为(高 14.39%)。

基金业绩具有持续性，即相对于输者组合，赢者组合在下一期仍然存在超额收益。通过比较赢者组合和输者组合的 *BHM* 和 *SHM*，发现赢者组合在卖出股票的行为上更容易趋同，而输者组合的趋同度较低。由于股票业绩存在反转，基金持有业绩好股票的时间整体上不应超过 3 个月，因此，卖出股票保证收益是必然选择，卖出股票是基金的共识，卖出行为比买入行为呈现更强的羊群行为。基金业绩排名，对于基金公司的声誉、基金经理的升迁、管理资产的规模、基金赎回压力等有重要影响。赢者组合有更强的保持基金排名的动机，当赢者组合的基金卖出某只股票时，其他基金会跟随卖出，避免自身因为卖出太晚而造成价格下跌幅度太大以及流动性不足，造成更大的损失。对于买入行为，因为基金的研究团队能力、基金经理的主观判断和基金风格等的差异，基金对于股票的判断和选择也会不同。但是，无论是从整体上看，还是对于赢者组合和输者组合，买入行为的羊群行为并不是太强，并没有证据表明基金联手做高股价。

考虑基金规模差异，对于 P(整个组合)以及 P1 组合至 P10 组合，基金的卖出行为的羊群行为随基金规模递增而增强。这表明规模越大的基金在卖出行为上更容易趋同。对于赢者组合，规模三等分分组下的 *SHM* 分别是 30.45%、38.87%和 50.23%。也就是说，随着规模增加，赢者组合的卖出行为表现出强烈的趋同性。而对于输者组合，规模三等分分组下的 *SHM* 分别是 6.36%、26.72%和 34.65%。也就是说，随着规模增加，输者组合的卖出行为也会表现出较强的趋同性，但是程度远小于赢者组合。这说明当赢者组合的规模越大时，基金的恐跌心理也会越强烈，卖出决策行为也会越趋同，因此赢者组合的业绩实现也与基金卖出行为的一致性有关。而输者组合，由于其对于股票判断等具有较大差异，会随着规模增加，基金的卖出行为表现一定的趋同性，但卖出行为的趋同度还是较赢者组合小。

基金业绩持续性，有可能源于业绩好的基金在较大业绩压力下，通过其研究能力、对市场的高敏感度，在市场出现强卖出前卖出股票，保证基金收益。而业绩差的基金受自身研究能力以及对股票的判断差异较大的影响，并不能在卖出行为上形成更大的趋同，或者卖出的时机较晚，而造成业绩不佳。

表 7-2 当期业绩和股票涨跌分组下的 *HM*、*BHM* 和 *SHM*

		P	P1	P2	P3	P4	P5	P6	P7	P8	P9	P10	P1+P10
涨+跌	*HM*	0.1244	0.0939	0.0999	0.0630	0.0942	0.0577	0.0771	0.0513	0.1084	0.0692	0.0882	0.1057
		(57.13)	(26.51)	(29.13)	(11.05)	(24.11)	(12.19)	(16.44)	(10.20)	(24.66)	(12.59)	(24.00)	(33.91)
	BHM	0.1039	0.0502	0.0481	0.0550	0.0457	0.0444	0.0401	0.0321	0.0510	0.0600	0.0363	0.0635
		(55.49)	(23.94)	(22.22)	(21.33)	(21.47)	(20.54)	(23.07)	(18.72)	(20.18)	(22.77)	(26.65)	(32.58)
	SHM	0.1951	0.2437	0.2880	0.1001	0.2539	0.1157	0.2093	0.1119	0.2520	0.0985	0.3689	0.2741
		(35.70)	(30.46)	(40.12)	(6.52)	(23.20)	(8.15)	(14.88)	(6.99)	(26.54)	(7.13)	(33.75)	(35.52)
涨	*HM*	0.1157	0.0867	0.0954	0.0559	0.0850	0.0709	0.0695	0.0265	0.0932	0.0782	0.0849	0.0926
		(49.37)	(22.47)	(25.55)	(7.99)	(16.70)	(14.57)	(12.14)	(4.66)	(19.15)	(11.84)	(21.69)	(27.56)
	BHM	0.0969	0.0410	0.0508	0.0586	0.0445	0.0429	0.0383	0.0310	0.0467	0.0540	0.0369	0.0522
		(47.68)	(18.14)	(17.69)	(17.31)	(17.50)	(16.46)	(16.85)	(12.40)	(16.47)	(17.78)	(24.35)	(28.17)
	SHM	0.1868	0.2798	0.2352	0.0666	0.1868	0.1559	0.1802	0.0016	0.2512	0.1480	0.3468	0.2688
		(28.52)	(25.84)	(27.68)	(3.75)	(12.03)	(9.74)	(9.64)	(0.08)	(18.08)	(7.67)	(26.68)	(25.79)
跌	*HM*	0.1370	0.1134	0.1229	0.0672	0.1197	0.0524	0.0968	0.0848	0.1228	0.0730	0.1047	0.1292
		(44.24)	(24.39)	(25.15)	(8.40)	(21.48)	(6.80)	(16.38)	(11.84)	(20.64)	(10.16)	(18.76)	(30.29)
	BHM	0.1087	0.0750	0.0584	0.0599	0.0510	0.0518	0.0477	0.0395	0.0644	0.0781	0.0406	0.0860
		(36.67)	(20.18)	(19.04)	(16.07)	(16.11)	(14.17)	(19.46)	(16.10)	(16.19)	(18.72)	(17.61)	(26.83)
	SHM	0.1878	0.1953	0.2959	0.0983	0.2972	0.0489	0.2086	0.1987	0.2165	0.0770	0.3512	0.2390
		(31.59)	(23.07)	(31.67)	(4.63)	(24.62)	(2.65)	(12.15)	(9.59)	(19.21)	(4.66)	(23.59)	(28.79)

注：括号内的数值为 t 值。

按照基金当期(组合公布的半年)业绩十等分和交易股票在当期涨跌情况分组的 *HM*、*BHM* 和 *SHM*，见表 7-2。从整体上看，开放式股票型基金具有明显的羊群行为，且卖出的羊群行为强于买入。在考虑涨跌情况下，对应的买入和卖出的羊群行为差异不大，但是卖出的羊群行为还是较强。考虑股价上涨时，赢者组合和输者组合的 *BHM* 分别为 3.69％和 4.10％，相差－0.41％；赢者组合和输者组合的 *SHM* 分别为 34.68％和 27.98％，相差 6.70％，赢者组合卖出行为的趋同性较大。在股票上涨行情时，无论是赢者组合还是输者组合在股票选择上并没有表现出较强的羊群行为，没有基金联合坐庄的证据。但是，即使存在股票上涨行情时，赢者组合的卖出行为的趋同度(羊群行为)还是强于输者组合。这可能与赢者组合更加偏好于保证收益的实现有关。考虑股价下跌时，赢者组合和输者组合的 *BHM* 分别为 4.06％和 7.50％，相差－3.46％，输者组合的买入行为具有较大的趋同性；赢者组合和输者组合的 *SHM* 分别为 35.12％和 19.53％，相差 15.59％，赢者组合卖出行为的趋同性也较大。在股票下跌行情时，输者组合的买入羊群行为比赢者组合的较强，这可能与输者组合的投资能力有关，更倾向于买入其他基金也买入的股票，从而印证自己投资决策的正确性。而赢者组合在买入上涨和下跌股票时的羊群行为差异不大，表明赢者组合相对自信，更加倾向于选择自身研究发现的股票。对于卖出价格下跌的股票，赢者组合相对于输者组合更加趋同。原因可能是，赢者组合在股价下跌前或者开始时，出于保证投资收益和业绩压力下，开始卖出股票；而输者组合由于自身信息、对市场判断和投资期限(考虑股市存在反转、通过持有业绩差的股票在长期中获益)等原因，在卖出行为上存在羊群行为，但弱于赢者组合。当考虑将赢者组合和输者组合作为一个整体(P1 组合＋P10 组合)，其整体、在股票上涨和下跌行情下的 *HM*、*BHM* 和 *SHM* 基本上位于赢者组合和输者组合各自结果的中间。

通过 LSV 法，发现基金业绩持续性与羊群行为有关。开放式股票型基金无论是整个样本，还是考虑业绩的十等分分组，都存在显著的羊群行为、卖出行为的羊群行为强于买入行为。当基金规模越大时，羊群行为越显著，可能与其面临的赎回压力、恐跌心理和基金经理对管理资产规模的关注有关，从而更倾向于买入或者卖出其他基金买入或者卖出的股票。赢者组合更倾向于在股价下跌时，卖出股票来保证收益，而对于价格上涨的股票，赢者组合更加谨慎，不盲目追涨。输者组合在买入上涨股票时更倾向于买入其他基金也买入的股票，而对于卖出下跌的股票时，则受信息、投资能力和投资期限目标等原因，并没有表现出更强的羊群行为。

从基金收益率的分散度角度出发，采用 CH 法和 CSAD 法对基金的羊群行为进行研究。在 1％、5％和 10％显著水平下的开放式股票型基金业绩十等分分组下的 CH 法回归系数见表 7-3。P1 组合至 P10 组合的 S 均值分别为 0.6782％、0.5630％、0.6372％、0.5143％、0.6425％、0.5933％、0.5413％、0.5599％、0.5848％和 0.5623％，P1 组合至 P10 组合的 S 的标准差(由日数据计算)分别为 1.3717％、1.3528％、1.8787％、1.05856％、1.8941％、1.4158％、1.0654％、1.3201％、1.2366％和 0.7614％。相对而言，赢者组合比输者组合的 S 均值要小，而且赢者组合具有最小的标准差值，表明赢者组合具有较好的稳定性。同时，1％、5％和 10％的显著水平，会影响 D_t^L 和 D_t^U。具体来说，当在 t 时刻的组合收益分别在 1％、5％和 10％显著水平下位于收益分布的低极端值的左边时 $D_t^L=1$，否则 $D_t^L=0$。当在 t 时刻的组合收益分别在 1％、5％和 10％显著水平下位于收益分布的高极端值的右边时 $D_t^U=1$，否则 $D_t^U=0$。

表 7-3 基金业绩十等分分组下的 CH 法回归系数

	P1	P2	P3	P4	P5	P6	P7	P8	P9	P10
1%显著水平										
α	0.6028***	0.4700***	0.4756***	0.4698***	0.4735***	0.5229***	0.5002***	0.4853***	0.5183***	0.5272***
	(0.04)	(0.04)	(0.04)	(0.03)	(0.04)	(0.04)	(0.03)	(0.03)	(0.03)	(0.02)
β_1	3.0794***	3.9918***	9.2213***	2.8676***	7.9904***	3.8206***	2.6572***	4.0717***	3.7327***	2.1386***
	(0.25)	(0.25)	(0.31)	(0.23)	(0.28)	(0.28)	(0.24)	(0.25)	(0.25)	(0.16)
β_2	0.4488	1.8855***	0.4642	0.3172	0.4669	0.3872	0.4141	0.4782	0.3691	0.6300***
	(0.49)	(0.37)	(0.65)	(0.33)	(0.54)	(0.50)	(0.32)	(0.49)	(0.38)	(0.23)
调整 R^2	0.1152	0.1779	0.4096	0.1058	0.3622	0.1266	0.0870	0.1652	0.1523	0.1151
5%显著水平										
α	0.5588***	0.4561***	0.4705***	0.4563***	0.4512***	0.5030***	0.4737***	0.4737***	0.5041***	0.5115***
	(0.04)	(0.04)	(0.05)	(0.03)	(0.05)	(0.04)	(0.03)	(0.04)	(0.03)	(0.02)
β_1	2.0873***	1.9696***	4.4301***	1.2647***	4.8252***	1.8616***	1.3448***	1.9751***	1.7927***	1.1267***
	(0.17)	(0.17)	(0.25)	(0.14)	(0.23)	(0.18)	(0.14)	(0.18)	(0.17)	(0.10)
β_2	0.4908**	0.8343***	0.1969	0.2383	0.2285	0.1934	0.2114	0.2453	0.2247	0.3777***
	(0.24)	(0.25)	(0.40)	(0.20)	(0.33)	(0.27)	(0.19)	(0.24)	(0.23)	(0.13)
调整 R^2	0.1133	0.0967	0.1969	0.0565	0.2407	0.0748	0.0699	0.0868	0.0840	0.0824
10%显著水平										
α	0.5255***	0.4512***	0.4663***	0.4479***	0.4215***	0.4807***	0.4628***	0.4655***	0.4907***	0.4928***
	(0.04)	(0.04)	(0.05)	(0.03)	(0.05)	(0.04)	(0.03)	(0.04)	(0.04)	(0.02)
β_1	1.9363***	1.4485***	2.9741***	0.9427***	3.4088***	1.5616***	1.0543***	1.3283***	1.3544***	0.8972***
	(0.19)	(0.15)	(0.21)	(0.12)	(0.19)	(0.16)	(0.12)	(0.15)	(0.14)	(0.08)
β_2	0.4245**	0.5329***	0.1407	0.1956	0.2398	0.1737	0.2085	0.2302	0.2473	0.4117***
	(0.15)	(0.19)	(0.28)	(0.15)	(0.25)	(0.19)	(0.14)	(0.18)	(0.17)	(0.09)
调整 R_2	0.1296	0.0700	0.1307	0.0453	0.1882	0.0748	0.0592	0.0596	0.0686	0.0831

注：括号内的数值为标准误。***、**和*分别代表1%、5%和10%的显著性水平。

当 β_1 和 β_2 均为正值或者 β_1 和 β_2 均为负值时，则存在羊群行为。从表 7-3 可以发现，虽然在绝大多数的 β_2 并不显著，但是从 β_2 的系数符号来看是正数，满足 β_1 和 β_2 均为正值的条件，即基金业绩十等分分组下的 P1 组合至 P10 组合具有羊群行为，基金的羊群行为会加大单个基金收益的波动。不难发现，所有组合的 β_1 远大于 β_2，表明当整个基金业业绩不佳时带来的单个基金业绩的波动性，远大于当整个基金业业绩较好时的情况。这表明在整个基金业投资机会较多、获利可能较大时，分组基金业绩的差异远小于在投资机会较少、市场较不明朗的情况。这是因为在投资机会较少、市场较不明朗的情况下，基金较难获利、更难保证业绩。在各个显著水平下，赢者组合和输者组合的 β_1 和 β_2 较大多数都是显著的。在1%显著水平下，赢者组合的 β_1 和 β_2 是 2.1386 和 0.6300，输者组合的 β_1 和 β_2 是 3.0794 和 0.4488，赢者组合的系数差小于输者组合的。在5%显著水平下，赢者组合的 β_1 和 β_2 是 1.1267 和 0.3777，输

者组合的 β_1 和 β_2 是 2.0873 和 0.4908，赢者组合的系数差小于输者组合的。在 10%显著水平下，赢者组合的 β_1 和 β_2 是 0.8972 和 0.4117，输者组合的 β_1 和 β_2 是 1.9363 和 0.4245，赢者组合的系数差小于输者组合的。这表明在各个显著水平下，基金市场业绩较佳的情形下带来的赢者组合和输者组合的波动性差异不大，而在基金市场业绩较差的情形下带来的赢者组合和输者组合的波动性差异较大。相比于输者组合，赢者组合在整个市场投资环境不佳的情形下更能保值、避免更大的损失。同时，由不同基金市场行情带来的赢者组合的波动性差异小于输者组合的，赢者组合随市场行情的波动性较小。

总的来说，赢者组合更善于在基金市场出现极端不利业绩时，保证自身业绩、减少基金损失和减少业绩波动性，从而保证自身的业绩排名。这可能与基金在不同市场行情下的羊群行为的非对称有关。

考虑股票市场牛市和熊市条件下，采用 CSAD 法分析基金业绩持续性。根据股票市场持续上升和下降的特点，定义 2006 年为牛市和 2008 年为熊市。通过对比 2006 年和 2008 年 CSAD 法的系数符号来分析业绩持续性。

从整体看，γ_1^{UP} 和 γ_1^{DOWN} 均显著地大于 0，而 γ_2^{UP} 和 γ_2^{DOWN} 显著地小于 0，说明 CSAD 和市场组合收益率存在非线性递增关系，即在不同市场环境下基金存在显著的羊群行为。

在牛市中，赢者组合和输者组合的 γ_1^{UP} 均是负数且差别不大，而 γ_2^{UP} 均是正数。在熊市中，赢者组合的 γ_1^{Down} 是正数，而 γ_2^{Down} 是负数；输者组合的 γ_1^{Down} 是负数，而 γ_2^{Down} 是正数。这说明赢者组合和输者组合的业绩波动性和市场组合收益未呈现线性递增或递增关系，即存在羊群行为。

表 7-4　整个组合、赢者组合和输者组合 2006 年和 2008 年的 *CSAD* 法系数

	2006 年牛市				2008 年熊市			
	α	γ_1^{UP}	γ_2^{UP}	调整 R^2	α	γ_1^{DOWN}	γ_2^{DOWN}	调整 R^2
P	0.2895***	0.2060***	−0.0350*	0.0488	0.2819***	0.1451***	−0.0076*	0.3472
	(0.05)	(0.07)	(0.02)		(0.03)	(0.03)	(0.01)	
P1	0.2213***	−0.1860***	0.1607***	0.3194	0.5799***	−0.1689	0.0664***	0.1649
	(0.06)	(0.09)	(0.03)			(0.14)	(0.11)	(0.02)
P10	0.3457***	−0.1871**	0.0959***	0.1787	0.2298***	0.2218***	−0.0126*	0.3541
	(0.05)	(0.08)	(0.02)		(0.04)	(0.04)	(0.01)	

注：括号内的数值为标准误。***、**和*分别代表 1%、5%和 10%的显著性水平。

结合回归系数和市场收益临界点$[-\gamma_1/(2\gamma_2)]$，在牛市中赢者组合和输者组合业绩波动性随市场组合业绩上升而先下降后上升；在熊市中赢者组合业绩波动性随市场组合业绩下降而先上升后下降，输者组合业绩波动性随市场组合业绩下降而先下降后上升，说明赢者组合比输者组合更能把握市场动向和控制风险。

在本节中，已经证实了我国开放式股票型基金存在业绩持续性和羊群行为，基金业绩持续性与羊群行为和市场行情等有关系。

二、基金经理投资行为与基金业绩持续性

一直存在基金经理有巨大业绩压力的说法，认为基金业绩的优劣是基金经理更换的主因。本节首先从更换基金经理事件入手，考察基金业绩与基金经理更换的关系，并分析基金经理更换后对基金业绩排名的影响。其次，从基金业绩排名与基金后期持有风险的变化，分析基金业绩的持续性、更换基金经理与基金经理风险偏好的关系。然后，考察基金业绩与基金经理的择时能力和折股能力的关系。最后，从基金的投资行为决策角度出发，分析基金业绩持续性和股市的关系。

本节使用的 2005 年至 2010 年的开放式股票型基金的基金经理信息、月基金累计净值收益率、月上证指数收益率、月上证国债指数收益率、月化的一年期定期存款利率等信息都来自国泰安(CSMAR)数据库，数据处理和回归使用的是 SAS 9.1 软件，作图使用的是 Eviews 5.0 软件。

本节将基金按照前 J 个月累积累计净值进行升序排列，并等分为十组，依次命名为 P1 组合至 P10 组合。业绩最好的组合(P10 组合)称为赢者组合，业绩最差的组合(P1 组合)称为输者组合。

(一)基金业绩与基金经理更换的关系

针对基金业绩与基金经理更换的关系，着重从基金业绩是否会导致基金经理更换，以及基金经理的更换是否会对未来基金业绩产生正面的影响这两个角度展开。

2005 年至 2010 年开放式股票型基金共有 219 次基金经理离职事件。基金业绩与基金经理的更换以及更换后的平均业绩排名见表 7-5。基于基金经理离职时的前 3 个月基金业绩分组，P1 组合至 P10 组合的基金经理更换次数分别是 23、19、30、20、21、27、15、24、20 和 20，各分组的基金更换次数差异较小，不能体现基金业绩是基金更换的前提。而当分组是基于基金经理离职时的前 6 个月基金业绩分组时，P1 组合至 P10 组合的基金经理更换次数分别是 10、27、23、33、17、22、18、20、16 和 26。此时，输者组合(P1 组合)更换基金经理的次数是各组中最小的(10 次)，而赢者组合(P10 组合)更换基金经理相对频繁。从这一点说明，基金业绩考察期长度的选择会对研究基金业绩与基金经理更换产生影响，更换基金经理并不是源于基金业绩表现。

从整体上看，采用 Jegadeesh 和 Titman(1993)的构造 J 月形成期和 K 月持有期策略(J 月/K 月策略)，对基金业绩持续性进行实证分析。发现在 2005 年至 2010 年的 3 月/9 月和 6 月/8 月策略存在基金业绩持续性，动量势能策略的累积收益分别为 2.13%和 2.76%，t 值分别是 1.68 和 1.75，在统计上是显著的。更换基金经理后的平均业绩排名见表 7-5。基于前 3 个月的业绩表现，当基金经理更换后的 9 个月的整个样本的平均分组数为 5.54，但仅考虑基金离职的样本后，其平均分组数为 5.53，差别不大。但是，对于赢者组合(P10 组合)的业绩排名在更换后的第 1 个月就出现明显上升、之后表现良好。对于输者组合(P1 组合)的业绩排名在更换后的第 1 个月就出现明显下降、之后一直劣于整个样本期间。这说明基于基金前 3 个月的业绩，更换业绩差的基金经理在 9 个月的时间里，并没有改善业绩。

然而，基于前 6 个月的业绩表现，当基金经理更换后的 8 个月的整个样本的平均分组数为 5.54，但仅考虑基金离职的样本后，其平均分组数为 5.56，差别不大。但是，对于赢者组合(P10 组合)的业绩排名在更换后的第 1 个月就出现明显上升，但在接下来的几个月会有反复，到第 8 个月时明显优于整个样本。对于输者组合(P1 组合)的业绩排名在更换后的第 1 个月就出现明显下降，但从第 6 个月起明显优于整个样本。这说明基于基金前 6 个月的业绩而更换基金经理时，更换业绩差的基金经理需要半年左右的时间才能使基金业绩有所起色。

对于赢者组合和输者组合更换基金经理后的不同业绩表现，说明输者组合更换基金经理后，可能需要一定时间来改变组合配置、熟悉投资决策的内部环境。新上任的输者组合基金经理有更强的改变其业绩排名的动机，有可能更加偏好风险，采取更激进的策略。但这些措施起作用需要一段时间，所以业绩的改善也表现出一定的滞后性。对于更换赢者组合的基金经理，保持基金排名是第一要务，所以其基金经理可能更加保守，而选择一些更“保险”的投资，让投资收益优于同组基金，从而安抚投资者对更换“明星基金经理”的不安。

表 7-5　基金业绩与基金经理的更换以及更换后的平均业绩排名

	更换基金经理次数	基金业绩平均排名								
		1 月	2 月	3 月	4 月	5 月	6 月	7 月	8 月	9 月
基于前 3 个月的回报										
整个样本										
P1	23	5.20	5.15	4.85	4.85	5.04	5.15	5.18	5.20	5.24
P2	19	4.91	4.92	4.76	4.64	4.82	4.97	4.97	4.91	4.90
P3	30	5.15	5.18	5.06	5.07	5.11	5.27	5.25	5.16	5.25

续表

	更换基金经理次数	基金业绩平均排名								
		1月	2月	3月	4月	5月	6月	7月	8月	9月
P4	20	5.30	5.18	5.15	5.18	5.36	5.32	5.37	5.31	5.32
P5	21	5.56	5.46	5.44	5.44	5.42	5.42	5.33	5.40	5.43
P6	27	5.58	5.56	5.63	5.64	5.57	5.52	5.48	5.50	5.52
P7	15	5.76	5.64	5.67	5.63	5.43	5.32	5.29	5.37	5.37
P8	24	5.89	5.97	6.02	6.02	5.99	5.97	5.99	6.04	6.05
P9	20	6.12	6.28	6.41	6.54	6.35	6.22	6.21	6.22	6.10
P10	20	5.87	6.01	6.33	6.34	6.26	6.22	6.31	6.29	6.24
更换基金经理样本										
P1	23	3.52	3.68	4.27	4.15	4.11	4.33	4.89	4.59	4.47
P2	19	5.61	5.61	5.67	5.41	5.76	6.13	6.07	6.29	6.07
P3	30	4.17	4.61	4.82	4.78	5.31	5.54	5.60	5.58	5.67
P4	20	4.95	5.00	5.10	5.70	5.65	5.50	5.39	5.12	5.82
P5	21	5.00	5.50	4.94	5.12	4.50	4.63	4.31	4.33	4.93
P6	27	6.24	6.32	6.64	6.92	6.60	6.60	6.26	6.09	5.89
P7	15	6.29	5.29	5.23	4.50	5.00	4.83	4.73	5.40	5.38
P8	24	6.23	6.18	7.05	6.95	6.43	6.33	6.43	6.86	6.30
P9	20	6.00	5.65	5.27	5.00	5.08	5.00	5.42	5.50	5.58
P10	20	6.21	6.00	6.21	6.39	6.22	6.50	6.50	7.29	6.76
基于前6个月的回报 整个样本										
P1	10	4.95	5.22	5.02	4.91	4.99	5.14	5.14	5.17	—
P2	27	4.98	5.29	5.23	5.21	5.18	5.31	5.27	5.25	—
P3	23	5.30	5.22	5.27	5.34	5.39	5.39	5.45	5.56	—
P4	33	5.62	5.64	5.63	5.57	5.59	5.65	5.61	5.65	—
P5	17	5.51	5.46	5.31	5.39	5.43	5.41	5.33	5.27	—
P6	22	5.59	5.35	5.48	5.47	5.42	5.42	5.40	5.39	—
P7	18	5.59	5.52	5.57	5.50	5.59	5.61	5.61	5.58	—
P8	20	5.76	5.72	5.83	5.86	5.80	5.71	5.72	5.64	—
P9	16	6.11	5.96	5.93	5.92	5.84	5.71	5.74	5.73	—
P10	26	5.97	6.01	6.12	6.20	6.17	6.07	6.16	6.19	—
更换基金经理样本										
P1	10	4.50	4.40	4.70	5.10	4.70	5.60	5.78	6.00	—
P2	27	4.31	4.88	4.75	4.86	5.18	5.62	5.79	6.00	—
P3	23	5.04	5.00	5.39	5.62	6.11	5.84	5.95	6.32	—
P4	33	5.31	5.56	5.74	5.41	5.36	5.28	5.24	5.38	—
P5	17	4.07	4.73	4.93	5.13	5.40	5.20	5.07	5.00	—
P6	22	5.50	6.00	6.26	6.33	5.89	5.83	5.81	4.85	—
P7	18	5.89	6.67	5.88	6.13	5.94	5.56	5.63	5.33	—
P8	20	6.11	5.67	5.47	5.65	6.06	5.65	5.94	5.56	—
P9	16	6.81	4.93	5.33	4.93	5.20	5.47	5.47	5.73	—
P10	26	6.17	5.92	6.23	6.43	5.90	6.38	6.50	7.21	—

(二)基金业绩与基金风险偏好以及承担风险的关系

基金业绩是考核基金经理的重要指标，年中的基金排名会对基金经理产生压力，会对基金经理的风险偏好和资产配置产生影响。从年中的基金业绩排名、前6个月业绩排名(重叠样本)和更换基金经理的前后6个月的各组风险承担比率的变化角度入手，考查业绩排名对基金经理的风险偏好和资产配置的影响。

根据Brown、Harlow和Starks(1996)采用风险调整比率σ_{2i}/σ_{1i}来度量基金经理的风险暴露改变程度。[①] 其中，σ_{2i}代表第i个组合在后续时间内的收益方差，σ_{1i}代表第i个组合在前一段时间内的收益方差。通过风险调整比率的大小，可以发现基金业绩对基金经理风险偏好和组合配置的影响。

表7-6　基金的风险调整比率

	基于上半年排名(非重叠样本)	基于前6个月的排名(重叠样本)	更换基金经理前后
P1	1.87	1.30	1.65
P2	1.78	1.22	1.17
P3	1.78	1.18	0.79
P4	1.51	1.17	1.69
P5	1.69	1.23	1.32
P6	1.63	1.15	1.72
P7	1.56	1.15	1.59
P8	1.62	1.11	1.44
P9	1.45	1.14	1.46
P10	1.47	1.25	0.78

开放式股票型基金承担风险的情况见表7-6。首先，对基金按照上半年的业绩进行分组，观察在下半年风险调整比率的情况。P1组合至P10组合的风险调整比率分别是1.87、1.78、1.78、1.51、1.69、1.63、1.56、1.62、1.45和1.47。从整体上看，各组基金在下半年都会扩大其风险暴露，风险调整比率呈现随基金业绩上升而下降的趋势。输者组合(P1组合)的风险调整比率最大，为1.87，而赢者组合(P10组合)的风险调整比率较小，为1.47。这表明当基金在上半年业绩越好时，虽然该基金在下半年会扩大其风险暴露，

① Brown, K. C., W. V. Harlow, and L. T. Starks, "Of tournaments and temptations: An analysis of managerial incentives in the mutual fund industry", *Journal of Finance*, 51 (1), pp. 85—110, 1996.

但相对保守；当基金在上半年业绩越差时，该基金为了扭转业绩，在下半年会更加激进、急剧扩大其风险暴露，也就加大其业绩波动。

当考虑重叠样本的情况时，即对于整个样本期内按照其前6个月业绩分组后，计算其后6个月与前6个月的风险调整比率。P1组合至P10组合的风险调整比率分别是1.30、1.22、1.18、1.17、1.23、1.15、1.15、1.11、1.14和1.25。结论与第一组(基于上半年业绩)的结论类似，只是各组合的风险调整比率值比第一组较小。输者组合的风险调整比率依然比赢者组合的大(差距较小)，业绩较差的基金后期加大风险暴露的行为依然存在。

进一步考虑基金更换前后6个月，各基金业绩组合的风险暴露情况。各组合的风险调整比率分别是1.65、1.17、0.79、1.69、1.32、1.72、1.59、1.44、1.46和0.78，输者组合的风险调整比率远大于赢者组合，输者组合新基金经理上任后更加倾向于扩大风险暴露。

基金的6月/8月策略是有利可图的，即基金的持有期在6个月内是存在业绩持续性的。虽然各组合的基金经理都会在后续时段里加大风险暴露，而输者组合的基金经理比赢者组合的基金经理更加激进。由于基金业绩持续性的存在，可以推测输者组合的激进的风险暴露策略并没有给基金业绩带来更大的改观(表7-5的基金在后续时间内的平均排名，也可以印证这一点)。同时，也有理由相信输者组合的这种激进策略也加剧了基金业绩持续性。此外，更换基金经理后确实会改变基金的风险偏好，输者组合的基金经理改变业绩的动机最大，更大程度地承担风险暴露。基金收益率的波动性加大，也与基金经理和基金投资团队的磨合有关。赢者组合则更加谨慎、选择好的投资机会，力求在保证收益和安抚投资者的前提下，确保投资收益，实现基金投资团队的平稳过渡。

(三)基金业绩与基金经理择股能力和择时能力的关系

基金经理的择股能力和择时能力，会对基金业绩产生影响。同时，基金吸引投资者的地方，就是其专业化投资水平、优于普通投资者的择股能力和择时能力。本小节关注基金业绩与基金经理择股能力、择时能力的关系。从T-M二次项模型、H-M二项式模型和C-L二项式模型三个角度对基金的择股能力和择时能力进行研究。

关于基金经理的择时能力的研究，有三种重要模型：T-M二次项模型、H-M二项式模型和C-L二项式模型。T-M二次项模型是$r_i-r_f=\alpha_i+\beta_1(r_m-r_f)+\beta_2(r_m-r_f)^2+\varepsilon_i$。$\beta_2$为择时能力指标，当$\beta_2<0$时，表明基金经理有择时能力。H-M二项式模型是$r_i-r_f=\alpha_i+\beta_1(r_m-r_f)+\beta_2(r_m-r_f)D+\varepsilon_i$，$D$是一

个虚拟变量。当 $r_m - r_f > 0$，$D=1$，否则 $D=0$。β_2 为择时能力指标，当 $\beta_2 > 0$ 时，表明基金经理有择时能力。C-L 二项式模型是 $r_i - r_f = \alpha_i + \beta_1 \min[0, (r_m - r_f)] + \beta_2 \max[0, (r_m - r_f)] + \varepsilon_i$，当 $\beta_2 > \beta_1$ 时，说明该基金经理有择时能力。上述三个模型的 α，代表基金的择股能力。

对 2005 年至 2010 年的开放式股票型基金的平均持股比率约为 81.31%，所以，定义市场收益率，$r_m = 80\% \times$ 上证指数收益率 $+ 20\% \times$ 上证国债指数收益率，无风险利率为月化一年期定期存款利率。各基金组合的 T-M、H-M 和 C-L 二项式模型的回归系数见表 7-7。

从 T-M 二次项模型的回归结果，可以发现 T-M 二次项模型具有较好的解释力，平均调整 R^2 为 0.9034。各组合的 $(r_m - r_f)$ 的系数都是显著的，而且赢者组合的系数大于输者组合，表明赢者组合的投资组合具有较高的系统风险。择时变量 β_2 只有 P4 组合和 P5 组合的显著，但在规模上所有组合的 β_2 都很小，表明我国基金业绩持续性与基金择时能力无关。各基金组合的择股能力分别是 5.3899%、6.6486%、6.5927%、5.2442%、6.9424%、4.8478%、6.7431%、6.2985%、7.0181%和 7.5667%。基金择股能力有随基金的业绩上升而上升的趋势。赢者组合和输者组合的择股能力相差 2.1768%，说明基金业绩持续性主要是源于基金经理的择股能力而不是择时能力。

从 H-M 二次项模型的回归结果，可以发现 H-M 二次项模型也具有较好的解释力，平均调整 R^2 为 0.9040。从 $(r_m - r_f)$ 的系数可以发现，赢者组合的系数大于输者组合，表明赢者组合的投资组合具有较高的系统风险。择时变量 β_2 只有 P4 组合、P5 组合和 P7 组合的显著，但在规模上所有组合的 β_2 都很小，表明我国基金业绩持续性与基金择时能力无关。各基金组合的择股能力分别是 4.7340%、5.7179%、5.8194%、3.7203%、4.1682%、3.5174%、6.1597%、5.7764%、6.1261%和 6.2461%。赢者组合和输者组合的择股能力相差 1.5121%，也说明基金业绩持续性是源于基金经理的择股能力而不是择时能力。

从 C-L 二次项模型的回归结果，可以发现 C-L 二次项模型也具有较好的解释力，平均调整 R^2 为 0.9040。虽然 β_2 和 β_1 的系数都是显著的，而且各基金组合的 $\beta_2 > \beta_1$，但是从 β_2 和 β_1 的差值角度来说太小，并不足以拒绝我国基金业绩持续性与基金择时能力无关的说法。各基金组合的择股能力分别是 4.7400%、5.7179%、5.8194%、3.7203%、4.1682%、3.5174%、6.1597%、5.7764%、6.1261%和 6.2461%。这表明基金择股能力有随基金的业绩上升而上升的趋势。赢者组合和输者组合的择股能力相差 1.5061%，也说明基金业绩持续性主要是源于基金经理的择股能力。

表 7-7　基金的 T-M、H-M 和 C-L 模型的回归系数

	T-M 二次项模型				H-M 二次项模型				C-L 二次项模型			
	α	r_m-r_f	$(r_m-r_f)^2$	调整 R_2	α	r_m-r_f	$(r_m-r_f)*D$	调整 R^2	α	$\min[0,(r_m-r_f)]$	$\max[0,(r_m-r_f)]$	调整 R^2
P_1	5.3899***	0.9209***	−0.0003	0.8714	4.7340***	0.8863***	0.0392	0.8714	4.7400**	0.8863***	0.9255***	0.8714
	(1.606)	(0.054)	(0.010)		(2.208)	(0.117)	(0.162)		(2.208)	(0.117)	(0.069)	
P_2	6.6486***	0.9443***	−0.0008	0.9200	5.7179***	0.9007***	0.0337	0.9192	5.7179***	0.9007***	0.9344***	0.9192
	(1.249)	(0.042)	(0.010)		(1.726)	(0.091)	(0.127)		(1.726)	(0.091)	(0.054)	
P_3	6.5927***	0.9352***	−0.0005	0.9333	5.8194***	0.8960***	0.0393	0.9331	5.8194	0.8960	0.9353	0.9331
	(1.131)	(0.038)	(0.010)		(1.558)	(0.082)	(0.115)		(1.558)	(0.082)	(0.049)	
P_4	5.2442***	0.8925***	0.0021***	0.9394	3.7203**	0.7615***	0.2795**	0.9396	3.7203**	0.7615***	1.0410***	0.9396
	(0.939)	(0.037)	(0.001)		(1.521)	(0.080)	(0.112)		(1.521)	(0.080)	(0.048)	
P_5	6.9424***	0.8482***	0.0025**	0.8936	4.1682**	0.6338***	0.4185***	0.8992	4.1682**	0.6338***	1.0523***	0.8992
	(1.450)	(0.049)	(0.001)		(1.941)	(0.103)	(0.143)		(1.941)	(0.103)	(0.061)	
P_6	4.8478***	0.9459***	0.0020	0.8933	3.5174	0.8300***	0.2501	0.8932	3.5174	0.8300***	1.0801***	0.8932
	(1.583)	(0.053)	(0.001)		(2.178)	(0.115)	(0.160)		(2.178)	(0.115)	(0.068)	
P_7	6.7431***	0.9283***	−0.0002	0.9127	6.1597***	0.8956***	0.0414***	0.9128	6.1597***	0.8956***	0.9370***	0.9128
	(0.913)	(0.044)	(0.001)		(1.800)	(0.095)	(0.132)		(1.800)	(0.095)	(0.057)	
P_8	6.2985***	0.9064***	0.0013	0.8580	5.7764**	0.8511***	0.1350	0.8571	5.7764***	0.8511***	0.9861***	0.8571
	(1.756)	(0.059)	(0.001)		(2.422)	(0.128)	(0.178)		(2.422)	(0.128)	(0.076)	
P_9	7.0181***	0.8674***	0.0002	0.8870	6.1261***	0.8082***	0.0977	0.8877	6.1261***	0.8082***	0.9059***	0.8877
	(1.429)	(0.048)	(0.001)		(1.958)	(0.103)	(0.144)		(1.958)	(0.103)	(0.062)	
P_{10}	7.5667***	0.9561***	0.0001	0.9256	6.2461***	0.8720***	0.1315	0.9268	6.2461***	0.8720***	1.0035***	0.9268
	(0.926)	(0.042)	(0.001)		(1.702)	(0.090)	(0.125)		(1.702)	(0.090)	(0.053)	

注：括号内的数值为标准误。***、**和*分别代表 1%、5%和 10%的显著性水平。

通过 T-M 二次项模型、H-M 二项式模型和 C-L 二项式模型的分析，发现我国基金业绩持续性主要是源于基金经理择股能力，而来自基金经理择时能力的证据较弱。赢者组合可能更善于管理风险，避免可能造成较大损失的风险。

(四)基金业绩与投资决策行为的关系

股票市场存在 3 个月的业绩反转现象，卖出上期表现好、买入上期表现差的股票是有利可图的。在股票市场上的投资者，除了基金这样专业理财的机构投资者外，还有个人投资者(散户)。股票市场上的反应不足和反应过度就是在机构投资者和个体投资者的相互作用下而形成的。

在 3 个月内，个人投资者由于对信息了解不充分、羊群效应等原因，在代表性偏差的影响下，对信息反应过度。机构投资者对于信息了解较全面、保持相对理性，对投资较保守。但市场整体上呈现反应过度。

而在 3 个月以上相对较长的时间里，由于个人投资者趋于理性，而机构投资者对于新信息的反应是一个逐步体现的过程，股票市场又由反应过度转化为反应不足。

从整体上看，基金经理可以利用机构投资者和个人投资者在短期和长期中对信息的不同反应来进行投资决策：对短期中市场存在的过度反应，采用反转策略，卖出高估证券，实现短期收益；对于价值股票而需长期持有的，在目标收益率实现前可以不关注该股票的短期波动。

基金市场的业绩持续性的一个重要来源，就是股票市场的业绩反转。通过对股票市场信息反应程度的把握，也可以实现基金的业绩反转。

三、结论与建议

在本章中，证实了我国开放式股票型基金存在业绩持续性和羊群行为，基金业绩持续性与羊群行为、市场行情等有关。由于股票市场业绩反转的存在，基金卖出股票的羊群行为强于买入的羊群行为。基金业绩排名对于基金公司的声誉、基金经理的升迁、管理资产的规模、基金赎回压力等有重要影响。所以，赢者组合在卖出股票保证收益上有更强的羊群行为。而买入的羊群行为由于受基金研究能力、基金经理的投资经验和投资目标期等限制，而没有表现出更强的羊群行为，没有证据表明我国基金有联手坐庄的行为。规模越大的基金，在卖出行为的一致性越高。赢者组合在买入上涨和下跌股票时的羊群行为差异不大，表明赢者组合相对自信，更加倾向于选择自身研究发现的股票。对于卖出价格下跌的股票，赢者组合相对于输者组合更加趋同。基金的羊群行为会加大单个基金收益的波动，整个基金业业绩不佳时带来的单个基金业绩的波动性，远大于当整个基金业业绩较好时的情况。相比于输者组合，赢者组合在整个市场投资环境不佳的情形下更能保值、避免更大的损失。同时，由不同基金市场行情带来的赢者组合的波动性差异小于输者组合，赢者组合随市场行情波动性较小。这可能与基金在不同市场行情下的羊群行为的非对称有关。在不同市场行情下，赢者组合面对熊市更加谨慎、控制风险。

从整体上看，基金业绩考察期的长度选择会对研究基金业绩与基金经理更换的关系产生影响，更换基金经理并不源于基金业绩表现。更换业绩好的基金经理后基金业绩会进一步上升，更换业绩差的基金经理需要半年左右的时间才能使基金业绩有所起色。赢者组合和输者组合更换基金经理后会有不同的业绩表现。输者组合更换基金经理后，需要一定时间来改变组合配置、熟悉投资决策的内部环境，同时新上任的输者组合基金经理有更强的改变其业绩排名的动机，有可能更偏好风险，采取更激进的策略，即使这些措施起作用也需要一段时间，所以业绩的改善也表现出一定的滞后性。而对于更换赢者组合的基金经理，保持基金排名是第一要务，所以其基金经理可能更加保守，而选择一些更“保险”的投资，让投资收益优于同组基金，从而安抚投资者对于以前的“明星基金经理”更换的不安。

此外，更换基金经理后确实会改变基金的风险偏好，输者组合的基金经理改变业绩的动机最大，更大程度地承担风险暴露，基金收益率的波动性加大。而赢者组合则更加谨慎、选择好的投资机会，力求在保证收益和安抚投资者的前提下，确保投资收益，实现基金投资团队的平稳过渡。

虽然各组合的基金经理都会在后续时段里加大风险暴露，而输者组合的基金经理比赢者组合的基金经理更加激进。由于基金业绩持续性的存在，可以推测输者组合的激进的风险暴露策略并没有给基金业绩带来更大的改观。同时，也有理由相信输者组合的这种激进策略也加剧了基金业绩持续性。

通过对 T-M 二次项模型、H-M 二项式模型和 C-L 二项式模型的分析，发现我国基金业绩持续性主要是源于基金经理择股能力，而来自基金经理择时能力的证据较弱。赢者组合可能更善于管理风险，避免造成损失的风险。

从整体上看，基金经理可以利用机构投资者和个人投资者在短期和长期中对信息的不同反应来进行投资决策：对短期中市场存在的过度反应，采用反转策略，卖出高估证券，实现短期收益；对于价值股票而需长期持有的，在目标收益率实现前可以不关注该股票的短期波动。基金市场的业绩持续性的一个重要来源，就是股票市场的业绩反转。通过对股票市场信息反应程度的把握，也可以实现基金的业绩反转。

应理性看待我国基金市场的羊群行为，一方面，羊群行为有可能加剧股票价格和基金业绩波动，不利于金融市场稳定；另一方面，羊群行为的出现有其必然性，是在投资资产有限、投资策略雷同以及信息集相当的条件下出现的，不应将其与坐庄等非法行为等同。为此，拓展市场的广度和深度是有必要的。

基金的业绩压力会对基金经理产生约束，但是基金经理为了自身在基金公司的地位，可能会加大投资的风险，这并不一定满足基金持有者的要求，所以需要基金内部的风险控制等的进一步监督和广大投资者对基金信息披露的进一步关注。随着信息成本的进一步降低，投资者对于信息的掌握更加全面，个人投资的短期过度反应也将会得到缓解，资本市场也将更加有效。

第八章　结论与建议

一、结论

采用 Jegadeesh 和 Titman(1993)的方法构造 J 月形成期和 K 月持有期策略(J 月/K 月策略)，对基金业绩持续性进行实证分析。研究发现，在一年左右的时间里我国开放式股票型基金业绩存在持续性。相对强势策略可以作为持有期在一年以内的基金投资策略。输者组合和赢者组合并不能保证其组合在后续时间保持排名不变，会与邻近组合发生排序变化。通过对股票市场信息反应程度的把握，也可以实现基金的业绩持续性。动量势能在中国也可以作为资产定价的一个因素，采用相对强势策略并不是持有时间越长越好，因为业绩在一段时间后会出现反转。在熊市中相对强势策略依然有效，相对强势策略在熊市中比牛市中作用更加凸显。在考虑了净资产规模和 *beta* 后，相对强势策略并没有受横截面差异的影响，依然有效。相对强势策略收益存在季节效应，其中有“十月效应”等存在，但是会受到规模的影响，有可能是受到样本数太少的影响。

基金业绩持续性的超额收益可能来源于时间序列相关性和对市场信息的反应不足并存在两个月左右的时滞，即来源于系统风险。动量势能是作为检验弱式有效市场的重要指标，中国基金市场并不是弱式有效市场。但是，对于基金业绩持续性产生的原因还得进行深入分析。

当对各组合收益建立四因素模型后，发现四因素模型比 CAPM 模型有更强的解释力，系统风险并不是相对强势策略的来源，小盘股较大盘股对基金业绩持续性更加有利，B/E 小的股票对于业绩持续性作用更大。可以肯定的是，持续性变量是基金定价中的重要变量，四因素模型在我国基金定价模型中有重要作用。

将对数化的净资产总额、存续时间、管理费用比率和交易费用比率，加入四因素模型后，发现拓展模型在解释力上略大于原四因素模型。从整体上看，基金的管理费用和交易费用都将减少基金的超额收益。但对于相对强势策略，基金管理费用对于基金业绩持续性有正效应，基金管理费用对基金产生了正激励效应；过度交易还是会减弱业绩持续性。

利用固定效应面板数据模型，通过对理绩效理论、基金分红引发市场关注、基金市场投资情绪、所属基金管理公司封闭式总市值等来分析影响封闭式基金折价的因素。管理绩效对封闭式基金折价率有正效应，即管理绩效越高时，折价将减小。根据管理绩效理论，封闭式基金折价在一定程度上反映了基金管理能力。分红对封闭式基金折价率有正效应。分红传递业绩可持续的信号，降低投资者信息搜集的成本，会吸引特定资本增值和红利偏好的投资者，减少代理成本。

"异常分红"策略可以引发投资者关注和申购，缓解"赎回异象"。由于有限理性和信息成本的存在，基金异常分红可以作为一种强烈的信号，引发媒体和投资者的关注，缓解累计基金净值增长率对现金流的负效应。开放式基金通过优先交易和更好的资源配置以封闭式基金为成本获取更好的业绩。当该基金公司管理的封闭式基金越多，表明可以为开放式基金提供更多的资源，开放式基金也有意愿通过"异常分红"策略引发市场关注。当基金公司管理的开放式基金越多，投资者在选择基金时是按照先选择基金公司，再选择"明星基金"的顺序。当一只基金异常分红后，实际上是会抢夺该公司其他基金的投资者，造成其他基金更大的赎回压力。当该公司管理的开放式基金越多时，赎回压力也会越大，所以基金越不倾向于异常分红。在牛市中，更换新的基金经理后，基金更倾向于异常分红，进一步释放信号，引发市场关注。但在熊市中，基金经理最大的目标是减少资产随大盘的缩水，实施"异常分红"营销策略已经退于次要地位。从整体上说，分红后对基金的业绩在 10 个工作日里将产生负效应，可能是基金为满足分红的流动性要求，而对资产配置进行重新安排，会对投资结果造成一定的影响。但是，赢者组合(P10 组合)所受的负影响小于输者组合(P1 组合)。分红不但不会削弱，反而会加强业绩持续性效应。这表明业绩较好的基金在有更多的资源可分配时，分红对于基金的负影响也越小。

采用 Bootstrap 法解决了当样本数太小而总体样本太大或者数据有限时，用样本估计整体有失偏颇的问题。与蒙特卡罗模拟不同的是，Bootstrap 法并不是随机产生新的数据，而是利用已知的独立同分布的样本，采用有放回的抽样来产生伪随机过程，运用的是实际数据信息。发现基金的业绩持续性和同时刻的股市业绩持续性存在正相关，表明股市存在追涨的行为。当新信息来临后，基金有更强的市场分析能力和投资机会捕捉能力，当基金购买好的股票后其价格上升，进一步吸引投资者购买，在未实现盈利目标和信息充分反应在股价之前基金不会退出，基金的业绩也得以持续。我国基金业绩持续性表现为利空消息造成的扰动比利好消息造成的扰动要大，因此，在基金上一期表现较差时，需要更加谨慎对待。

“明星基金”和“明星基金经理”的资产配置也是媒体和投资者关注和模仿的焦点，定义最好的10％组合为“明星基金”。通过股票型基金组合披露事件研究，可以发现组合披露后，在一定程度上可以给基金带来正收益。通过建立基金组合披露对基金业绩影响的固定效应面板回归模型，发现在基金披露组合的当月对基金的业绩有正效应。媒体对于优秀的基金公司、基金经理、基金投资策略的报道，将影响投资者的注意力和情绪，在一定程度上推高基金净值。而报道的重要数据来源就是过去的基金业绩、组合配置等，所以媒体关注也在一定程度上导致了我国基金业绩持续性。

我国开放式股票型基金存在羊群行为，基金业绩持续性与羊群行为、市场行情等有关。由于股票市场业绩反转的存在，基金卖出股票的羊群行为强于买入的羊群行为。赢者组合在卖出股票保证收益上有更强的羊群行为，而买入的羊群行为由于受基金研究能力、基金经理的投资经验和投资目标期等限制，而没有表现出更强的买入羊群行为，没有证据表明我国基金有联手坐庄的行为。规模越大的基金，在卖出行为的一致性越高。赢者组合在买入上涨和下跌股票时的羊群行为差异不大，表明赢者组合相对自信，更加倾向于选择自身研究发现的股票。而对于卖出价格下跌的股票，赢者组合相对于输者组合更加趋同。基金的羊群行为会加大单个基金收益的波动，整个基金业业绩不佳时带来的单个基金业绩的波动性，远大于当整个基金业业绩较好时的情况。相比于输者组合，赢者组合在整个市场投资环境不佳的情形下更能保值、避免更大的损失。由不同基金市场行情带来的赢者组合的波动性差异小于输者组合，赢者组合随市场行情的波动性较小。这可能与基金在不同市场行情下的羊群行为的非对称有关。

基金业绩考察期的长度选择会对研究基金业绩与基金经理更换的关系产生影响，更换基金经理并不是源于基金业绩表现。更换业绩好的基金经理后基金业绩会进一步上升，更换业绩差的基金经理需要半年左右的时间才能使基金业绩有所起色。赢者组合和输者组合更换基金经理后会有不同的业绩表现。输者组合更换基金经理后，需要一定时间来改变组合配置、熟悉投资决策的内部环境，同时新上任的输者组合基金经理有更强的改变其业绩排名的动机，有可能更偏好风险，采取更激进的策略，但即使这些措施起作用也需要一段时间，所以业绩的改善也表现出一定的滞后性。而对于更换赢者组合的基金经理，保持基金排名是第一要务，所以其基金经理可能更加保守，而选择一些更“保险”的投资，让投资收益优于同组基金，从而安抚投资者对于以前的“明星基金经理”更换的不安。更换基金经理后确实会改变基金的风险偏好，输者组合的基金经理改变业绩的动机最大，更大程度地承担风险暴露，基金收益率的波动性加大。赢者组合则更加谨慎、选择好的投资机会，力求在保证收益和安抚投资者的前提下，确保投资收益，实现基金的平稳过渡。有理由相信输者组合的这种激进策略也加剧了基金业绩持续性。此外，赢者组合可能更善于管理特定风险，避免造成巨额损失的特定风险。我国基金业绩持续性主要是源于基金经理择股能力，而来自基金经理择时能力的证据较弱。基金市场的业绩持续性的一个重要来源，就是股票市场的业绩持续性。

二、建议

（一）投资建议

投资者对每一种策略的特点应当有所了解。如果投资期限是在一年左右，那么投资者就应当选择相对强势策略。因为相对强势策略较反转策略提供了超额收益。同时，投资者在构造基金定价模型时，可以考虑加入一年期左右的动量势能变量来增加模型的解释力和预测力。由于基金业绩持续性随时间递减，不建议投资者的持有期限太长。投资期限在一年以内的或者持有期限在一年内的投资者，建议使用 3 月/3 月的相对强势策略。如果是持有期限在一年以上的投资者，必须谨慎选择相对强势策略和反转策略。选择过去表现好并进行分红的基金不失为一个好的策略。首先，基金进行分红可以满足投资者落袋为安的需要。其次，由于业绩持续性的存在，过去表现好的基金在下一期继续表现好，可以满足投资者资本增值的需要。最后，分红的绩优基金更能在长期中比整个基金组表现更好，获取更好的资本升值。

理性对待媒体关注的基金和股票，在理性分析后再买入，避免单纯地追逐“明星效应”。同时，由于股市存在三个月的业绩反转，所以股市应当以短期投资为主。意识到我国基金的股票卖出羊群效应大于买入羊群效应，所以盲目追涨是不可取的。理性看待基金的业绩持续性，基金的业绩持续性可能源于股市，是基金经理对股市采用反转策略的结果。

（二）投资建议与政策建议

对于基金经理和基金公司有以下建议：第一，分红可以作为营销基金的一种策略，有限理性投资者会选择引发其关注的分红基金。第二，按照相关法律法规，对基金真实的利好信息的披露，可以引发市场关注，减少赎回压力、增加现金流入。第三，基金经理可以利用机构投资者和个人投资者在短期和长期对信息的不同反应来进行投资决策。对短期中市场存在的反应不足，采用反转策略，卖出高估证券，实现短期收益；对于价值股票而需长期持有的，在目标收益率实现前可以不关注该股票的短期波动。

对于监管层有以下建议：第一，建议加强资本市场的信息披露机制，引导媒体发挥监督作用，减少虚假信息对资本市场的扰乱作用，保证信息的真实和有效性，避免媒体关注成为不法牟利的手段。第二，完善基金制度建设，加大基金经理的业绩导向和规范力度，使机构投资者行为趋于理性。第三，加大政府在资本市场的公信力建设，政府不应在市场能发挥作用的地方任意干预，做好"裁判员"的角色。第四，理性看待羊群行为，羊群行为在我国金融市场上的出现有其必然性，不应将其与坐庄等非法行为等同。第六，需要进一步拓展市场的广度和深度，增加资本市场的投资品种和风险对冲产品。

最后，笔者相信随着改革的深入和资本市场的发展，整个资本市场深度和广度将拓展，我国资本市场必将更加繁荣，成熟和发达的资本市场将为我国经济腾飞、成为世界经济大国奠定基石。

三、局限性

由于我国基金业存在的时间不长，数据的时间长度较短，所以进行数据分析时，样本数较少，仍需要进一步深入研究。Jegadeesh 和 Titman(1993)的方法使用的是等份额产生形成期和持有期组合的方法，构造的是零成本的持有组合，没有考虑交易成本等因素，需要进一步改进。

附录　相关 SAS 程序

```
*程序 1　合并数据和由日数据计算月数据程序；
proc sort data=a1;
    by fundcd year month;
    run;
proc sort data=a2;
    by fundcd year month;
    run;
proc sort data=a3;
    by fundcd year month;
    run;
data return;
    merge a1 a2 a3;
    by fundcd year month;
    run;
proc sort data=return;
    by fundcd year month;
    run;
proc means data=return noprint;
    by fundcd year month;
    output out=s (drop= _type_ ) sum(Accnrt1)=sAccnrt1
sum(Accnrt2)=sAccnrt2;
    run;
```

```
*程序 2　beta 计算程序；
proc sort data=return;
    by fundcd year month;
    run;
PROC REG DATA=return OUTEST=fmodel (rename=(INTERCEPT
=alpha zm=beta)
```

```
keep=fundcd intercept zm) NOPRINT;
  by fundcd;
    MODEL zr = zm;
    quit;
    run;
DATA return1;
    MERGE return fmodel;
  by fundcd;
    run;
```

*程序 3　产生赢者和输者等组合并计算收益率程序;

```
data return;
    set return;
    num=1;
    run;
proc sort data=return;
    by monthy l3;
proc means data=return noprint;
    by monthy;
    output out=nfund(drop= _type_ _freq_) sum(num)= snum;
    run;
DATA p1 p2 p3 p4 p5 p6 p7 p8 p9 p10;
    merge return nfund;
    by monthy;
    if first.monthy then relday=-snum;
    relday + 1;
    if -snum <= relday <= (-0.9)*snum then output p1;
    if (-0.9)*snum < relday <= (-0.8)*snum then output p2;
    if (-0.8)*snum < relday <= (-0.7)*snum then output p3;
    if (-0.7)*snum < relday <= (-0.6)*snum then output p4;
    if (-0.6)*snum < relday <= (-0.5)*snum then output p5;
    if (-0.5)*snum < relday <= (-0.4)*snum then output p6;
    if (-0.4)*snum < relday <= (-0.3)*snum then output p7;
    if (-0.3)*snum < relday <= (-0.2)*snum then output p8;
```

```
    if (-0.2)* snum < relday <= (-0.1)* snum then output p9;
    if (-0.1)* snum < relday <= 0 then output p10;
    run;
proc means data=p1 noprint;
    by monthy;
    output out=retp1(drop= _type_) mean(f3)= mf3 mean(f6)=
mf6 mean(f9)= mf9 mean(f12)= mf12;
    run;
proc means data=p10 noprint;
    by monthy;
    output out=retp10(drop= _type_) mean(f3)= mf3 mean(f6)=
mf6 mean(f9)= mf9 mean(f12)= mf12;
    run;

*程序4  以输者组合为例产生净资产总值分组程序;
proc sort data=p1;
    by monthy TNA;
proc means data=p1 noprint;
    by monthy;
    output out=np1(drop= _type_ _freq_) sum(num)= p1snum;
    run;
DATA p1s1 p1s2 p1s3;
    merge p1 np1;
    by monthy;
    if first.monthy then reldayp1=-p1snum;
    reldayp1 + 1;
    if - p1snum <= reldayp1 <= (-0.667)* p1snum then
output p1s1;
    if (-0.667)* p1snum < reldayp1 <= (-0.333)* p1snum then
output p1s2;
    if (-0.333)* p1snum < reldayp1 <= 0 then output p1s3;
proc means data=p1s1 noprint;
    by monthy;
    output out = retp1s1 (drop = _type_ _freq_) mean(f3)
```

```
= p1s1mf3;
    run;
proc means data=p1s2 noprint;
    by monthy;
    output out = retp1s2 (drop = _ type _  _ freq _ ) mean (f3)
= p1s2mf3;
    run;
proc means data=p1s3 noprint;
    by monthy;
    output out = retp1s3 (drop = _ type _  _ freq _ ) mean (f3)
= p1s3mf3;
    run;
data reptp1 _ TNA;
    merge retp1s1 retp1s2 retp1s3;
    by monthy;
    run;

*程序 5  固定效应面板回归程序;
proc sort data=return;
    by fundcd monthy;
    run;
proc tscsreg data=return;
    id fundcd monthy;
    model ACCNRT=RMRF SMB HML PR1YR/ fixone;
    run;

*程序 6  6 月/6 月策略各组合的 CAPM 和四因素模型回归程序;
proc sort data=return;
    by portfolio monthy;
    run;
proc reg data =return outest=fmodel1 (rename=(INTERCEPT=alpha
RMRF=beta) keep=portfolio intercept RMRF;
by portfolio;
    MODEL return =RMRF;
```

```
    quit;
    run;
proc reg data=return outest=fmodel2 (rename=(INTERCEPT=alpha
RMRF=beta1 SMB=beta2 HML=beta3 PR6MN=beta4) keep=portfo-
lio intercept RMRF SMB HML PR6MN);
    by portfolio;
    model return =RMRF SMB HML PR6MN;
    quit;
    run;
proc means data=return n mean std t prt;
    title "Overall results";
    by portfolio;
    var return;
    run;

*程序 7  产生所有 A 股的三因素日收益率程序;
proc sort data=return;
    by Trddt Dsmvtll;
proc means data=return noprint;
    by Trddt;
    output out=nfund(drop= _type_ _freq_) sum(num)= snum;
    run;
DATA b s;
    merge return nfund;
    by Trddt;
    if first. Trddt then relday=-snum;
    relday + 1;
    if -snum <= relday <= (-0.5)*snum then output s;
    if (-0.5)*snum < relday <= 0 then output b;
    run;
proc means data=b noprint;
    by Trddt;
    output out=retb(drop= _type_ ) sum(DsmvtllDretwd)=
bsDsmvtllDretwd sum(Dsmvtll)=bsDsmvtll;
```

```
    run;
proc means data=s noprint;
    by Trddt;
    output out=rets(drop= _type_) mean(DsmvtllDretwd)=
ssDsmvtllDretwd mean(Dsmvtll)=ssDsmvtll;
    run;
data SMB;
    merge retb rets;
    by Trddt;
SMB=ssDsmvtllDretwd/ssDsmvtll-bsDsmvtllDretwd/bsDsmvtll;
    run;
proc sort data=return;
    by Trddt Be;
proc means data=return noprint;
    by Trddt;
    output out=nfund1(drop= _type_  _freq_) sum(num)= snum;
    run;
DATA L H;
    merge return nfund1;
    by Trddt;
    if first. Trddt then relday=-snum;
    relday + 1;
    if -snum <= relday <= (-0.3)* snum then output L;
    if (-0.7)* snum < relday <= 0 then output H;
    run;
proc means data=L noprint;
    by Trddt;
output out=retL(drop= _type_) sum(DsmvtllDretwd)=
LsDsmvtllDretwd sum(Dsmvtll )= LsDsmvtll;
    run;
proc means data=H noprint;
    by Trddt;
output out=retH(drop= _type_) mean(DsmvtllDretwd)=
HsDsmvtllDretwd mean(Dsmvtll)=HsDsmvtll;
```

```
    run;
data HML;
    merge retH retL;
    by Trddt;
    hml=hsDsmvtllDretwd/hsDsmvtll-lsDsmvtllDretwd/lsDsmvtll;
    run;
proc sort data=return;
    by Trddt;
proc means data=return noprint;
    by Trddt;
    output out=rm(drop= _type_ ) sum(DsmvtllDretwd)=
rmsDsmvtllDretwd sum(Dsmvtll)= rmsDsmvtll;
    run;
data threefactormodel;
    merge SMB HML RM;
    by Trddt;
    rm=rmsDsmvtllDretwd/rmsDsmvtll;
run;

*程序 8　事件研究及相关检验程序;
proc sort data=return;
    by fundcd DDADTclsdt;
proc means data=return noprint;
    by fundcd DDADT;
    output out=nmodel(drop= _type_  _freq_ ) sum(num)=snum;
    run;
DATA estper evntper;
    merge return(drop=num) nmodel;
    by fundcd DDADT;
    if first. DDADT then relday=-snum;
    relday + 1;
    if relday < -9 then output estper;
    if -9 <= relday <= 0 then output evntper;
    run;
```

```
PROC REG DATA=estper OUTEST=mmparam (rename=(INTERCEPT=alpha RMRF=beta1 SMB=beta2 HML=beta3 DMF10D=beta4) keep=fundcd DDADT intercept RMRF SMB HML DMF10D _rmse_) noprint;
    by fundcd DDADT;
    MODEL ACCNRT1 =RMRF SMB HML DMF10D;
    quit;
    run;
DATA ar;
    MERGE evntper mmparam;
    by fundcd DDADT;
    AR = ACCNRT1-alpha-beta1*RMRF-beta2*SMB-beta3*HML-beta4*DMF10D;
    estpvar=_rmse_*_rmse_;
    run;
proc sort data=ar;
    by relday;
proc means data=ar noprint;
    by relday;
    output out=aar(drop=_type_ _freq_) mean(ar)= aar;
    run;
proc sort data=ar;
    by fundcd DDADT;
    run;
proc means data=ar noprint;
    by fundcd DDADT;
    id estpvar;
    output out=car sum(ar)=car;
    run;
proc means data=car n mean t prt;
    var car;
    run;
proc ttest data=car;
    var car;
```

```
    run;
data car1;
    set car;
    cardummy=car>0;
    scar=car/(sqrt(10*estpvar));
proc means data=car1 noprint;
    var car scar;
    output out=test
    mean(car scar cardummy)=mcar mscar percpos
    n(car scar cardummy)=ncar nscar npercpos
    t(car scar)=tcs tbmp;
data results;
    set test;
    tpatell=mscar*sqrt(nscar);
    tsign=(percpos-0.5)/sqrt(0.25/npercpos);
    run;

*程序 9　基于 Bootstrap 的 AR-EGARCH 模型程序;
%macro bootstrap(k);
    %do i=1 % to &k;
    proc surveyselect data=e method=urs n=1059 OUTHITS out=
a&i noprint;
    id z;
    run;
    data a&i;
      set a&i;
      z&i=z;
      drop NumberHits z;
      run;
    data a;
      merge a a&i;
      run;
    %end;
    %mend bootstrap;
```

```
    %bootstrap(100);
data y;
    merge newy a;
    run;
data y;
    set y;
    %macro yhat(k);
      %do i=1 % to &k;
      y&i=newdvf3+z&i;
    %end;
    %mend yhat;
    %yhat(100);
    run;
%macro ar(k);
    %do i=1 % to &k;
    proc autoreg data=y;
      model y&i=/nlag=3 backstep garch=(p=1, q=1, type=exp)
noprint;
      output out=b&i p=yhat&i cev=vhat&i;
      quit;
      run;
    data b&i;
      set b&i;
      var&i=yhat&i-2.3263*sqrt(vhat&i);
      run;
    data c&i;
      set b&i;
      drop yhat&i;
      run;
    data d&i;
      set b&i;
      drop var&i;
      run;
    data c;
```

```
      merge c c&i;
      by trddt;
      run;
    data d;
      merge d d&i;
      by trddt;
    run;
    %end;
  %mend ar;
  %ar(100);
  run;

*程序 10　计算羊群效应 AF 值程序;
%macro af(k);
    %do j=1 %to &k;
    %let
    af=af+(probbnml(ep, nbuysell, &j)-probbnml(ep, nbuysell,
&j-1))*abs(&j/nbuysell-ep);
    run;
    %end;
%mend af;
%macro af1(k);
    %do i=1 %to &k;
    proc sort data=p&i;
    by Shrhcd clsdt;
    data p&i;
    set p&i;
    af=(1-ep)**nbuysell;
    %af(&i);
    run;
    %end;
%mend af1;
%af1(140);
run;
```

```
*程序11 在1%显著水平下的CH法程序;
data return;
    set return;
    if Nadbrt=. then delete;
    run;
proc sort data=return;
    by clsdt;
proc means data=return noprint;
    by clsdt;
    output out=rm(drop= _type_ _freq_) mean(Nadbrt)=rm
std(Nadbrt)=s;
    run;
proc means data=rm noprint;
    output out=mrm(drop= _type_ _freq_) mean(rm)=mrm
std(rm)=srm;
    run;
data return;
    set rm;
    num=1;
    run;
data mrm;
    set mrm;
    num=1;
    run;
data return;
    merge return mrm;
    by num;
    run;
data return1;
    set return;
    vdu=mrm+2.575*srm;
    vdl=mrm-2.575*srm;
    run;
```

```
data du1 du0 dl1 dl0;
    set return1;
    if rm > vdu then output Du1;
    if rm <= vdu then output Du0;
    if rm < vdl then output DL1;
    if rm >= vdl then output DL0;
    run;
data du1;
    set du1;
    du=1;
data du0;
    set du0;
    du=0;
data dl1;
    set dl1;
    dl=1;
data dl0;
    set dl0;
    dl=0;
    run;
data return1;
   merge du1 du0 dl1 dl0;
    by clsdt;
    run;
proc sort data=return1;
    by clsdt;
    run;
PROC REG DATA=return1 OUTEST= results1 (rename =
(INTERCEPT = alpha du=beta1 dl=beta2) keep=intercept du dl);
    MODEL s =du dl;
    quit;
    run;
```

*程序 12 CSAD 法程序;

```
data return;
    set return;
    if Nadbrt=. then delete;
    run;
proc sort data=return;
    by clsdt;
proc means data=return noprint;
    by clsdt;
    output out=rm(drop= _type_  _freq_) mean(Nadbrt)=mr;
    run;
data return;
    merge return rm;
    by clsdt;
    run;
data return;
    set return;
    abss=abs(Nadbrt-mr);
    run;
proc sort data=return;
    by clsdt;
proc means data=return noprint;
    by clsdt;
    output out=s(drop= _type_) sum(abss)=sabss;
    run;
data s;
    set s;
    CSAD=sabss/_freq_;
    run;
data return;
    merge s rm;
    by clsdt;
    run;
data return;
    set return;
```

```
    absrm=abs(mr);
    absrm2=absrm**2;
    run;
proc sort data=return;
    by clsdt;
PROC REG DATA=return OUTEST=results;
    MODEL CSAD =absrm absrm2;
    quit;
    run;
```

参考文献

[1]安德瑞·史莱佛:《并非有效的市场——行为金融学导论》,赵英军译,中国人民大学出版社,2003。

[2]蔡祥、邹海峰、李雅翀:《证券投资基金间的利益输送与封闭式基金折价》,《当代财经》2011 年第 9 期,第 60—71 页。

[3]陈利春:《开放式基金分红效应实证研究》,《经济论坛》2006 年第 20 期,第 114—116 页。

[4]谈儒勇、曹江东:《〈证券投资基金法〉颁布的市场反应与效应》,《当代财经》2005 年第 11 期,第 28—42 页。

[5]丁文捷:《基金分拆和大比例分红后流动性风险的实证研究》,《金融与经济》2010 年第 6 期,第 46—49 页。

[6]董超、白重恩:《中国封闭式基金价格折扣问题研究》,《金融研究》2006 年第 10 期,第 36—48 页。

[7]杜本峰:《基于 Bootstrap 方法的风险度量模型及其实证分析——关于机构投资者风险度量方法的探讨》,《统计研究》2004 年第 1 期,第 49—54 页。

[8]奉立城:《中国股票市场的"月份效应"和"月初效应"》,《管理科学》2003 年第 1 期,第 41—48 页。

[9]宫汝凯:《我国股市 ARCH 效应的实证研究》,《金融与经济》2008 年第 12 期,第 42—46 页。

[10]郭文伟、宋光辉、许林:《基金经理的个人特征对基金风格漂移的影响研究》,《软科学》2010 年第 2 期,第 123—128 页。

[11]郭文伟、宋光辉、许林、柴曼昕:《中国开放式基金风格择时能力的实证研究》,《统计与决策》2010 年第 8 期,第 134—136 页。

[12]韩守富:《我国开放式基金的业绩持续性及其影响因素》,《经济管理》2011 年第 8 期,第 128—133 页。

[13]韩燕、李平、崔鑫:《哪些基金有超群的分析能力》,《管理世界》2011 年第 2 期,第 27—39 页。

[14]胡海峰、宋李:《我国证券投资基金羊群行为的实证研究》,《北京师范大学学报(社会科学版)》2010 年第 5 期,第 109—117 页。

[15]贾春新、赵宇、孙萌、汪博:《投资者有限关注与限售股解禁》,《金

融研究》2010 年第 11 期，第 108－122 页。

[16]江萍、田澍、Cheung Yan-Leung：《基金管理公司股权结构与基金绩效研究》，《金融研究》2011 年第 6 期，第 123－135 页。

[17]李进芳、王仁曾：《Bootstrap 方法在证券投资基金风险测量中的应用》，《统计研究》2010 年第 3 期，第 66－69 页。

[18]李昆：《封闭式基金业绩持续性研究》，《商业研究》2005 年第 18 期，第 83－86 页。

[19]李诗林、李扬：《沪深股票市场过度反应效应研究》，《管理评论》2003 年第 6 期，第 28－35 页。

[20]李婷、张涤新：《开放式基金红利承诺的信号效应》，《经济与管理研究》2009 年第 5 期，第 72－79 页。

[21]李宪立、吴光伟、唐衍伟：《多期基金业绩持续性评价新模型及实证研究》，《哈尔滨工业大学学报》2007 年第 10 期，第 1673－1676 页。

[22]李晓梅、刘志新：《经理特性对基金业绩的影响及内在归因分析》，《经济经纬》2010 年第 3 期，第 143－147 页。

[23]李学峰、陈曦、茅勇峰：《我国开放式基金业绩持续性及其影响因素研究》，《当代经济管理》2007 年第 6 期，第 97－102 页。

[24]李悦、黄温柔：《中国股票型基金业绩持续性实证研究》，《经济理论与经济管理》2011 年第 12 期，第 45－52 页。

[25]林兢、陈树华：《我国开放式基金业绩持续性、经理选股和择时能力——基于 2005～2009 数据》，《经济管理》2011 年第 2 期，第 132－138 页。

[26]刘成彦、胡枫、王皓：《QFII 也存在羊群行为吗》，《金融研究》2007 年第 10 期，第 111－122 页。

[27]刘磊、王书军：《开放式基金异常分红实证研究》，《工业技术经济》2007 年第 4 期，第 128－131 页。

[28]刘毅、张宏鸣：《我国股市非对称反应影响因素的实证分析》，《财贸研究》2006 年第 3 期，第 77－83 页。

[29]陆家骝、王茂斌：《什么决定了基金经理的更换》，《证券市场导报》2007 年第 3 期，第 68－77 页。

[30]陆蓉、陈百助、徐龙炳、谢新厚：《基金业绩与投资者的选择——中国开放式基金赎回异常现象的研究》，《经济研究》2007 年第 6 期，第 39－50 页。

[31]陆蓉、刘亚琴：《基金溢出效应研究新进展》，《经济学动态》2009 年第 3 期，第 112－116 页。

[32]陆蓉、徐龙炳：《“牛市”和“熊市”对信息的不平衡性反应研究》，《经济研究》2004 年第 3 期，第 65—72 页。

[33]毛一鹏、朱敏：《基于 PANEL DATA 的开放式基金选股择时能力的研究》，《中国商贸》2009 年第 9 期，第 149—151 页。

[34]牛淑珍：《我国开放式股票型基金业绩持续性的实证研究》，《特区经济》2012 年第 5 期，第 99—102 页。

[35]彭寿康：《风险—收益悖论与绩差基金的业绩持续性》，《商业经济与管理》2010 年第 11 期，第 77—83 页。

[36]祁斌、袁克、胡倩、周春生：《我国证券投资基金羊群行为的实证研究》，《证券市场导报》2006 年第 12 期，第 49—57 页。

[37]饶育蕾、彭叠峰、成大超：《媒体注意力会引起股票的异常收益吗？——来自中国股票市场的经验证据》，《系统工程理论与实践》2010 年第 2 期，第 287—297 页。

[38]饶育蕾、王攀：《媒体关注度对新股表现的影响——来自中国股票市场的证据》，《财务与金融》2010 年第 3 期，第 1—7 页。

[39]宋光辉、王晓晖、许林：《明星现象、家族价值与家族竞争策略——基于中国股票型基金的经验证据》，《山西财经大学学报》2011 年第 4 期，第 53—60 页。

[40]唐静武、王聪：《市场情绪、溢价与波动》，《经济评论》2009 年第 4 期，第 58—64 页。

[41]陶燕红、韩海平、方兆本：《影响我国封闭式基金折价因素的面板数据》，《中国科学技术大学学报》2008 年第 9 期，第 1099—1108 页。

[42]屠新曙、段琳琳：《经典詹森指数绩效衡量方法的有效性研究及改进》，《管理科学》2005 年第 4 期，第 46—51 页。

[43]屠新曙、朱梦：《基金绩效评价的 Fama-French 三因素模型检验》，《广东金融学院学报》2010 年第 1 期，第 103—112 页。

[44]王海侠、田增瑞：《开放式基金动量及反转策略之绩效研究》，《求索》2007 年第 2 期，第 16—18 页。

[45]王磊、孔东民、陈巍：《证券投资基金羊群行为与股票市场过度反应》，《南方经济》2011 年第 3 期，第 69—78 页。

[46]王千红、吕小娟：《证券投资基金绩效单因数指数评价方法》，《商业研究》2007 年第 6 期，第 129—131 页。

[47]王向阳、袁定：《开放式基金业绩持续性的实证研究》，《财经论坛》2006 年第 1 期，第 137—138 页。

[48]王晓国、王国顺：《中国基金市场惯性和反转现象的实证研究》，《系统工程》2005 年第 1 期，第 69－73 页。

[49]王学明：《我国证券投资基金羊群行为的实证研究》，《投资与贸易》2010 年第 5 期，第 37－41 页。

[50]王振山、姚秋：《分析师关注度与股票收益率——基于中国 A 股市场数据的经验研究》，《财经问题研究》2008 年第 4 期，第 56－61 页。

[51]吴启芳、陈收、雷辉：《基金业绩持续性的回归实证》，《系统工程》2003 年第 1 期，第 33－37 页。

[52]吴启芳、陈收、杨宽、雷辉：《单因素指标评估投资业绩：证券投资基金实证分析》，《数量经济技术经济研究》2003 年第 1 期，第 117－122 页。

[53]吴世农、吴育辉：《我国证券投资基金重仓持有股票的市场行为研究》，《经济研究》2003 年第 10 期，第 50－58 页。

[54]谢赤、张太原、禹湘：《开放式基金经理惯性投资行为研究》，《中国管理科学》2008 年第 1 期，第 32－41 页。

[55]谢岚、胡晓铁：《基于 Logistic 模型的开放式基金异常分红问题研究》，《财会月刊》2009 年第 6 期，第 38－40 页。

[56]解学成、张龙斌：《基金持有人赎回行为研究》，《证券市场导报》2009 年第 8 期，第 35－38 页。

[57]肖峻、石劲：《基金业绩与资金流量：我国基金市场存在“赎回异象”吗?》，《经济研究》2011 年第 1 期，第 112－125 页。

[58]熊胜君、杨朝军：《基金经理调整对基金择股能力和择时能力的影响》，《上海交通大学学报》2006 年第 4 期，第 619－623 页。

[59]徐捷、肖峻：《证券投资基金动量交易行为的经验研究》，《金融研究》2006 年第 7 期，第 113－122 页。

[60]徐琼、赵旭：《封闭式基金业绩持续性实证研究》，《金融研究》2006 年第 5 期，第 92－96 页。

[61]徐琼、赵旭：《我国基金经理投资行为实证研究》，《金融研究》2008 年第 8 期，第 145－155 页。

[62]杨继东：《媒体影响了投资者行为吗？——基于文献的一个思考》，《金融研究》2007 年第 11 期，第 93－102 页。

[63]徐信忠、张璐、张峥：《行业配置的羊群现象——中国开放式基金的实证研究》，《金融研究》2011 年第 4 期，第 174－186 页。

[64]杨湘豫、吴许文、Gautam Mitra：《开放式基金在上升市场与下降市场中选时与选股能力的实证研究》，《财经理论与实践》2007 年第 5 期，第 66

—68 页。

[65]杨玉明：《封闭式基金折价交易问题研究》，《社会科学研究》2010 年第 4 期，第 44—46 页。

[66]杨育生：《开放式基金择时选股能力的实证分析》，《统计与决策》2010 年第 10 期，第 132—133 页。

[67]姚正春、邓淑芳、李志文：《封闭式基金经理的竞争压力》，《金融研究》2006 年第 7 期，第 81—92 页。

[68]游家兴：《谁反应过度，谁反应不足——投资者异质性与收益时间可预测性分析》，《金融研究》2008 年第 4 期，第 161—173 页。

[69]于瑾：《我国证券投资基金业绩归因分析的实证研究》，《中国软科学》2004 年第 9 期，第 74—78 页。

[70]俞雪飞、刘亚：《中国开放式基金业绩持续性研究》，《经济问题》2012 年第 2 期，第 101—105 页。

[71]袁皓：《我国封闭式基金业绩持续性研究》，《上海金融学院学报》2007 年第 3 期，第 17—22 页。

[72]张俊、王小军、陶长辉：《封闭式基金季末价格效应的实证分析》，《证券市场导报》2002 年第 11 期，第 16—19 页。

[73]张婷：《投资者的选择与基金溢出效应研究》，《证券市场导报》2010 年第 1 期，第 70—77 页。

[74]张昱：《基于詹森阿尔法的开放式基金业绩评价》，《财贸经济》2007 年第 7 期，第 35—38 页。

[75]张兆国、康自强、宁健武：《中国证券投资基金盈利能力持续性实证研究》，《经济评论》2004 年第 4 期，第 108—112 页。

[76]赵瑾璐、陶玉：《开放式基金业绩实证研究》，《理论探索》2008 年第 4 期，第 78—80 页。

[77]赵俊：《投资者情绪、投资理念与我国封闭式基金折价》，《浙江社会科学》2004 年第 6 期，第 33—38 页。

[78]赵龙凯、彭传国：《封闭式基金折价与管理绩效的实证研究》，《金融研究》2008 年第 4 期，第 102—121 页。

[79]甄红线：《中国投资基金羊群行为的经验研究》，《金融理论与实践》2009 年第 4 期，第 28—33 页。

[80]周琳杰：《中国股票市场动量策略赢利性研究》，《世界经济》2002 年第 8 期，第 60—64 页。

[81]周泽炯、史本山：《我国开放式基金业绩持续性的实证分析》，《经济

问题探索》2004 年第 9 期，第 58—62 页。

[82]朱战宇、吴冲锋、王承炜：《股市价格动量与交易量关系：中国的经验研究与国际比较》，《系统工程理论与实践》2004 年第 2 期，第 1—13 页。

[83]庄云志、唐旭：《基金业绩持续性的实证研究》，《金融研究》2004 年第 5 期，第 20—27 页。

[84]邹富：《基金业绩、投资者有限注意力与基金申购》，《上海金融》2011 年第 12 期，第 63—69 页。

[85] Badrinath, S. G., and Sunil Wahal, "Momentum Trading by Institutions", *Journal of Finance*, 2, pp. 2449—2478, 2002.

[86] Barber, B., and Terrance Odean, "All that Glitters: The Effect of Attention and News on the Buying Behavior of Individual and Institutional Investors", *Review of Financial Studies*, 21, pp. 785—818, 2008.

[87] Barberis, N., Shleifer, and A., Vishny, R., "A Modal of Investor Sentiment", *Journal of Financial Economics*, 49, pp. 307—343, 1998.

[88] Black, F., "Capital Market Equilibrium with Restricted Borrowing", *Journal of Business*, 45, pp. 444—454, 1972.

[89] Boudreaux, K. J., "Discounts and Premium on Closed-end Mutual Fund: A study in Valuation", *Journal of Finance*, 28 (2), pp. 515 — 522, 1973.

[90] Breeden, "An intertemporal Asset Pricing Model with Stochastic Consumption and Investment Opportunities", *Journal of Financial Economics*, 7, pp. 265—296, 1979.

[91] Brown and Goetzmann, "Performance Persistence", *Journal of Finance*, 50(2), pp. 679—698, 1995.

[92] Brown, K. C., W. V. Harlow, and L. T. Starks, "Of Tournaments and Temptations: An Analysis of Managerial Incentives in the Mutual Fund Industry", *Journal of Finance*, 51(1), pp. 85—110, 1996.

[93] Carhart, Mark M., "On Persistence in Mutual Fund Performance", *Journal of Finance*, 52(1), pp. 57—82, 1997.

[94] Chan Louis K. C., Narasimhan Jegadeesh, and Joesef Lakonishok, "Momentum Strategies", *Journal of Finance*, 51(5), pp. 1681—1713, 1996.

[95] Chang, Eric C., Joseph W. Cheng, and Ajay Khorana, "An Examination of Herd Behavior in Equity Markets: An International Perspective", *Journal of Banking & Finance*, 24(10), pp. 1651—1679, 2000.

[96] Christie, William G. and Roger D. Huang, "Following the Pied Piper: Do Individual Returns Herd Around the Market?", *Financial Analysts Journal*, 51(4), pp. 31—37, 1995.

[97] Christopherson, Jon A., Wayne E. Ferson, and Debra A. Glassman, "Conditioning Manager Alphas on Economic Information: Another Look at the Persistence of Performance", *Review of Financial Studies*, 11(1), pp. 111—142, 1998.

[98] Cochrane, J., *Asset Pricing*, Princeton University Press, Princeton, N.J., 2005.

[99] Cootner, P., *The Random Character of Stock Market Prices*, MIT Press, 1964.

[100] Cox, J., and Ross, S. A., "The Valuation of Options for Alternative Stochastic Processes", *Journal of Financial Economics*, 3, pp. 145—166, 1976.

[101] Daniel, KD, D. Hirshleifer, and A. Subrahmanyam, "Investor Psychology and Security Market Under-and Overreactions", *Journal of Finance*, 53(6), pp. 1839—1885, 1998.

[102] De Bondt, Werner, and Richard Thaler, "Does the Stock Market Over-react?", *Journal of Finance*, 40(3), pp. 793—808, 1985.

[103] De bondt, Werner, and Richard Thaler, "Further Evidence on Investor Overreact and Stock Market Seasonality", *Journal of Finance*, 42(3), pp. 557—581, 1987.

[104] Dolley, J., "Characteristics and Procedure of Common Stock Split-Ups", *Harvard Business Review*, 11, pp. 316—326, 1933.

[105]Efron, B., "Bootstrap Methods: Another Look at the Jackknife", *Annals of Statistics*, 7(1), pp. 1—26, 1979.

[106] Elton, Gruber and Blake, "The Persistence of Risk-Adjusted Mutual Fund Performance", *Journal of Business*, 69(2), pp. 133—157, 1996.

[107] Engle, R. F., "Autoregressive Conditional Heteroskedasticity with Estimate of the Variance of United Kingdom Inflation", *Econometrica* 50 (4), pp. 987—1008, 1982.

[108] Fabozzi, F. J., Ma, C. K., and Briley, J. E., "Holidy Trading in Futures Markets", *Journal of Finance*, 44, pp. 307—324, 1994.

[109] Fama, E., "Random Walks in Stock Market Prices", *Financial*

Analysts Journal, 21(5), pp. 55—59, 1965a.

[110] Fama, E., "The Behavior of Stock Market Prices", *Journal of Business*, 38, pp. 34—105, 1965b.

[111] Fama, E., "Efficient Capital Markets: A Review of Theory and Empirical Work", *Journal of Finance*, 25, pp. 383—417, 1970.

[112] Fama, E., "Market Efficiency, Long Term Returns and Behavioral Finance", *Journal of Finance Economics*, 49, pp. 283—306, 1998.

[113] Fama, E., L. Fisher, M. Jensen and R. Roll, "The Adjustment of Stock Prices to New Information", *International Economic Review*, 10, pp. 1—21, 1969.

[114] Fama and French, "Common Risk Factors in the Returns on Bonds and Stocks", *Journal of Financial Economics*, 33, pp. 3—53, 1993.

[115] Fama and French, "Multifactor Explanation of Asset Pricing Anomalies", *Journal of Finance*, 51, pp. 55—84, 1996.

[116] Fisman, R., "Estimating the Value of Political Connections", *American Economic Review*, 91, pp. 1095—1102, 2001.

[117] Frye, T. and Shleifer, A., "The Invisible Hand and the Grabbing Hand", *American Economic Review*, 87(2), pp. 354—358, 1997.

[118] Grinblatt and Titman, "Portfolio Performance Evaluation: Old Issues and New Insights", *Review of Financial Studies*, 2, pp. 393—422, 1989.

[119] Grinblatt, Titman, and Wermers, "Momentum Investment Strategies, Portfolio Performance, and Herding: A Study of Mutual Fund Behavior", *American Economic Review*, 85(5), pp. 1088—1105, 1995.

[120] Goetzmann and Ibbotson, "Do Winners Repeat?", *Journal of Portfolio Management*, 20, pp. 9—18, 1994.

[121] Grossman, and Stiglitz, "On the Impossibility of Informationally Efficient Markets", *American Economic Review*, 70, pp. 393—408, 1980.

[122] Hendricks, Patel, and Zeckhauser, "Hot Hands in Mutual Funds: Short-run Persistence of Relative Performance, 1977—1988", *Journal of Finance*, 48, pp. 93—130, 1993.

[123] Hong, H., and JC Stein, "A Unified Theory of Underreaction, Momentum Trading and Overreaction in Asset Markets", *Journal of Finance*, 54(6), pp. 2143—2184, 1999.

[124] Jegadeesh, "Evidence of Predictable Behavior of Security Returns", *Journal of Finance*, 45, pp. 881—898, 1990.

[125] Jegadeesh and Titman, "Returns to Buying Winners and Selling Losers: Implication for Stock Market Efficiency", *Journal of Finance*, 48 (1), pp. 65—91, 1993.

[126] Jegadeesh and Titman, "Profitability of Momentum Strategies: An Evaluation of Alternative Explanations", *Journal of Finance*, 56, pp. 699—720, 2001.

[127] Jensen, "The Pricing of Capital Assets, and Evaluation of Investment Portfolios", *Journal of Business*, 42, pp. 167—247, 1969.

[128] Jenson, M C., "Problems in Selection of Security Portfolios Performance of Mutual Funds in Period 1945—1964", *Journal of Finance*, 23 (2), pp. 389—416, 1968.

[129] Kendall, M., "The Analysis of Economic Time Series", *Journal of the Royal Statistical Society*, 96, pp. 11—25, 1953.

[130] Lakonishok, Josef, Andrei Shleifer and Robert W. Vishny, "The Impact of Institutional Trading on Stock Prices", *Journal of Financial Economics*, 32(1), pp. 23—43, 1992.

[131] Lehmann, B., "Fads, Martingales and Market Efficiency", *Quarterly Journal of Economics*, 105, pp. 1—28, 1990.

[132] Liewa, Jimmy, and Maria Vassalou, "Can book-to-market, size and momentum be risk factors that predict economic growth?", *Journal of Financial Economics*, 57(2), pp. 221—245, 2000.

[133] Lintner, "The Valuation of Risky Assets and the Selection of Risky Investments in Stock Portfolios and Capital Budgets", *Review of Economics and Statistics*, 47, pp. 13—37, 1965.

[134] Lucas, "Asset Prices in an Exchange Economy", *Econometrica*, 46, pp. 1429—1445, 1978.

[135] MacKay, Peter, and Daniel Wu, "Closed-end versus Open-end: Share Redeemability and Cross-fund Subsidization", 2007 *China International Conference in Finance*, working paper.

[136] Malkiel, B. G., "The Valuation of Closed-end Investment Company Shares", *Journal of Finance*, 32(3), pp. 847—859, 1977.

[137] Markowitz, H., "Portfolio Selection", *Journal of Finance*, 7,

March, pp. 77—91, 1952.

[138] Mossin, J. , "Equilibrium in a Capital Asset Market", *Econometrica*, 34, pp. 768—783, 1966.

[139] Nanda, V. , Z. J. Wang, and L. Zheng, "Family Values and the Star Phenomenon: Strategies of Mutual Fund Families", *Review of Financial Studies*, 17, pp. 667—698, 2004.

[140] Niederhoffer, "The Analysis of World Events and Stock Prices", *Journal of Business*, 44(2), pp. 193—219, 1971.

[141] Poterba, J. M. and L. H. Summers, "Mean Reversion in Stock Prices: Evidence and Implications", *Journal of Financial Economics*, 22(1), pp. 27—59, 1988.

[142] Robert C. Merton, "An Intertemporal Capital Asset Pricing Model", *Econometrica*, 41(5), pp. 867—887, 1973.

[143] Roberts, H. , "Stock Market Patterns and Financial Analysis: Methodological Suggestions", *Journal of Finance*, 3, pp. 1—10, 1959.

[144] Ross, Stephen A. , "The arbitrage theory of capital asset pricing", *Journal of Economic Theory*, 13(3), pp. 341—360, 1976.

[145] Ross, S. , "The Determination of Financial Structure: The Incentive-signaling Approach", *Bell Journal of Economics*, 8 (1), pp. 23—40, 1977.

[146] Samuelson, P. , "Proof That Properly Anticipated Prices Fluctuate Randomly", *Industrial Management Review*, 6, pp. 41—49, 1965.

[147] Sirri, Erik R. , and Peter Tufano, "Costly Search and Mutual Fund Flows", *Journal of Finance*, 53, pp. 1589—1622, 1998.

[148] Sharpe, William, "A Simplified Model for Portfolio Analysis", *Management Science*, 9(2), pp. 277—293, 1963.

[149] Sharpe, William, "Capital Asset Prices: A Theory of Market Equilibrium Under Conditions of Risk", *Journal of Finance*, 19(3), pp. 425—442, 1964.

[150] Sharpe, William, "Mutual Fund Performance", *Journal of Finance*, 23(2), pp. 389—416, 1968.

[151] Stulz, R. , "The Limits of Financial Globalization", *Journal of Finance*, 60(4), pp. 1595—1638, 2005.

[152] Tobin, "Liquidity Preferences as Behaviour Towards Risk", *Re-*

view of Economic Studies, 25, pp. 65—86, 1958.

[153] Wermers, R., "Mutual Fund Herding and the Impact on Stock Prices", *Journal of Finance*, 54(2), pp. 581—622, 1999.

[154] Zweig, Martin E., "An Investor Expectation Stock Price Predictive Model Using Closed-End Funds Premiums", *Journal of Finance*, 28, pp. 67—78, 1973.

后　记

近年来，基金作为一种重要的投资方式，逐渐被投资者了解。当业绩存在持续性时，应当买入业绩较好基金、卖出业绩较差基金；当业绩反转时，应当买入业绩较差基金、卖出业绩较好基金。所以，研究基金业绩持续性具有重要意义，相对强势策略可以作为一种重要投资策略。

本书采用多种策略对基金业绩持续性进行实证分析。研究发现，在一年左右的时间里我国开放式股票型基金存在业绩持续性，我国基金市场存在动量势能，故其不是弱式有效市场。同时，从反应不足、媒体关注、羊群效应和基金经理行为等行为金融角度对基金业绩持续性进一步研究。发现股票业绩持续性是基金业绩持续性的一个重要来源；媒体关注也在一定程度上导致我国基金业绩持续性；我国开放式股票型基金存在羊群行为，基金业绩持续性与羊群行为、市场行情等有关，在不同市场行情下，基金的羊群行为具有非对称性；我国基金业绩持续性主要是源于基金经理择股能力，而来自基金经理择时能力的证据较弱。本书进一步研究了分红等与基金业绩的关系，拓展了基金业绩持续性研究的广度。此外，笔者将本书研究过程中涉及的 SAS 程序整理成附录，供大家讨论改进。

本书主要取材于笔者的博士论文。衷心感谢博士生导师于瑾教授十年来的谆谆教诲，该论文的顺利完成，完全得益于于教授的大力支持和帮助。于教授不厌其烦、不辞辛苦地给予了细心指导，提了很多建议！衷心感谢对外经济贸易大学所有曾教授过我课程的老师，特别是李青教授、蒋先玲教授、阳和平副教授、束景虹副教授、林桂军教授等，是你们引领着我走过了漫长的学生时代！衷心感谢江萍副教授对本书撰写思路以及 SAS、Stata 等软件学习和运用的帮助。

我还要衷心感谢我的父母对我无私的爱，感谢你们对我一直的支持，感谢我母亲对我英语学习的辅导。我也要衷心感谢我的同学们，是你们伴我一同走过学生时代，特别是汪文姣、袁博、刘镜秀、张婷、吕东锴、毛羽丰和王梦然等。此外，我要特别感谢伍婷、牛超、成豪、皓宇等好友对我一直的鼓励、支持和帮助。

本书的出版得到了首都师范大学出版社的大力支持，在此一并致敬致谢！

由于作者水平有限，本书难免有疏漏与不当之处，敬请读者朋友批评指正。

刘 翔

2014 年 2 月